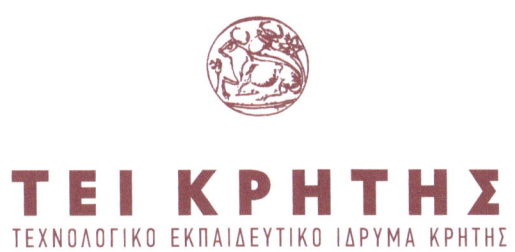

ΤΕΙ ΚΡΗΤΗΣ
ΤΕΧΝΟΛΟΓΙΚΟ ΕΚΠΑΙΔΕΥΤΙΚΟ ΙΔΡΥΜΑ ΚΡΗΤΗΣ

Η ΑΠΟΒΙΟΜΗΧΑΝΙΣΗ ΤΗΣ ΑΤΤΙΚΗΣ
το ανάξιο όνειρό μας για μια κατανάλωση χωρίς δημιουργία

Artdrop - 2018

Έντυπη διάθεση:

Βιβλιοπωλείο: ἐπί λέξει
Ακαδημίας 32, ΑΘΗΝΑ
τηλ: +210 3388054

www.amazon.com

Εναλλακτικά επικοινωνήστε με το:
info@artdrop.net

Ψηφιακή έκδοση (ελεύθερη πρόσβαση):
www.artdrop.net/nomanu.pdf

© Τ.Ε.Ι. ΚΡΗΤΗΣ

ΠΕΡΙΕΧΟΜΕΝΑ

ΚΛΩΣΤΟΫΦΑΝΤΟΥΡΓΙΑ

ΠΕΙΡΑΪΚΗ - ΠΑΤΡΑΪΚΗ ΒΙΟΜΗΧΑΝΙΑ ΒΑΜΒΑΚΟΣ Α.Ε	10
ΑΙΓΑΙΟΝ	12
ΕΤΜΑ	14
ΧΡΥΣΑΛΛΙΣ	16
ΜΠΡΙΤΑΝΝΙΑ	18
Α.Ε. ΕΛΛΗΝΙΚΑ ΚΛΩΣΤΗΡΙΑ ΥΙΩΝ ΤΕΓΟΠΟΥΛΟΥ	
ΒΑΜΒΑΚΟΥΡΓΙΑ ΤΗΣ ΦΙΛΑΔΕΛΦΕΙΑΣ	20
ΡΕΤΣΙΝΑ	22
ΕΣΠΕΡΟΣ	24
ΕΡΙΟΥΡΓΙΑ ΠΑΤΗΣΙΩΝ	26
ΑΘΗΝΑΪΣ ΜΕΤΑΞΟΥΡΓΙΑ	28
ΤΑΠΗΤΟΥΡΓΙΑ ΚΑΧΡΑΜΑΝΟΓΛΟΥ	30
ΚΛΩΣΤΟΫΦΑΝΤΟΥΡΓΙΑ ΓΑΒΡΙΗΛ	32

ΚΑΠΝΟΒΙΟΜΗΧΑΝΙΑ

ΠΑΠΑΣΤΡΑΤΟΣ	36
ΚΕΡΑΝΗΣ	38
ΚΑΠΝΕΡΓΟΣΤΑΣΙΟ ΑΘΗΝΩΝ	40

ΒΙΟΜΗΧΑΝΙΚΕΣ ΕΦΑΡΜΟΓΕΣ ΑΥΤΟΚΙΝΗΣΗΣ

ΖΑΧΑΡΟΠΟΥΛΟΣ Α.Β.Ε.Ε. - BALKANIA	43
Ν. ΘΕΟΛΟΓΟΥ	44
AUTOMECCANICA Α.Ε.Β.Ε.	46
MAVA	47
ALTA	48
ΔΗΝΑΠ	50
ATLAS	51
Β.Ε.Τ	52
PANCAR	53
ΒΙΑΜΑΞ	54

ΠΑΡΑΓΩΓΗ ΗΛΕΚΤΡΙΚΩΝ ΕΙΔΩΝ

ESKIMO	58
ΙΖΟΛΑ	60
PITSOS	62

ΧΑΡΤΟΠΟΙΙΑ

SOFTEX - ΑΘΗΝΑΪΚΗ ΧΑΡΤΟΠΟΙΙΑ	66
DIANA - ΧΑΡΤΟΠΟΙΙΑ ΘΡΑΚΗΣ	68

ΒΙΟΜΗΧΑΝΙΑ ΤΡΟΦΙΜΩΝ ΚΑΙ ΠΟΤΩΝ

NUTRIART (ΠΡΩΗΝ ΚΑΤΣΕΛΗΣ)	72
ΚΡΟΝΟΣ	73
ΕΛΑΙΟΥΡΓΙΚΗ ΕΛΕΥΣΙΝΑΣ	74
ΒΟΤΡΥΣ	76

ΠΑΡΑΓΩΓΗ ΕΝΔΥΜΑΤΩΝ

SPRIDER STORES	79

ΠΡΟΪΟΝΤΑ ΥΓΙΕΙΝΗΣ ΚΑΙ ΠΕΡΙΠΟΙΗΣΗΣ

ΣΑΠΩΝΟΠΟΙΕΙΟ ΧΑΡΙΛΑΟΥ -ΚΑΝΕΛΛΟΠΟΥΛΟΥ	81

ΧΗΜΙΚΑ ΠΡΟΪΟΝΤΑ

ΧΡΩΠΕΙ	83
ΙΡΙΣ	84
ΕΡΓΟΣΤΑΣΙΟ ΛΙΠΑΣΜΑΤΩΝ ΣΤΗΝ ΔΡΑΠΕΤΣΩΝΑ	86

ΠΑΡΑΓΩΓΗ ΠΛΑΣΤΙΚΩΝ ΕΙΔΩΝ

Α.Γ ΠΕΤΖΕΤΑΚΙΣ Α.Ε	89

ΠΑΡΑΓΩΓΗ ΕΝΕΡΓΕΙΑΣ

ΓΚΑΖΙ-ΦΩΤΑΕΡΙΟ	92
ΠΕΤΡΟΛΑ Α.Ε.	94

ΧΑΛΥΒΟΥΡΓΙΑ

ΧΑΛΥΒΟΥΡΓΙΚΗ Α.Ε.	97
ΧΑΛΥΒΟΥΡΓΙΑ ΕΛΛΑΔΟΣ	98

ΜΕΤΑΛΛΟΥΡΓΙΑ

ILARION ROUX ET CIE	102
ΕΛΛΗΝΙΚΗ ΕΤΑΙΡΕΙΑ ΜΕΤΑΛΛΟΥΡΓΕΙΩΝ	104
ΓΑΛΛΙΚΗ ΕΤΑΙΡΕΙΑ ΜΕΤΑΛΛΕΙΩΝ	106

ΤΣΙΜΕΝΤΟΒΙΟΜΗΧΑΝΙΑ

ΧΑΤΖΗΚΥΡΙΑΚΟΥ - ΖΑΧΑΡΙΟΥ ΚΑΙ ΣΙΑ	109

Το υλικό που ακολουθεί συγκεντρώθηκε βιβλιογραφικά και φωτογραφικά, κωδικοποιήθηκε και ταξινομήθηκε από τους φοιτητές

Γρηγόριο Στασινούλα
Παύλο Μάργαρη
Κωνσταντίνο Μαρινάκη

κατά την εκπόνηση της πτυχιακής τους εργασίας στο Τμήμα Μηχανολόγων Μηχανικών του ΤΕΙ Κρήτης υπό την επίβλεψη του Νίκου Σακκά, καθηγητή του Τμήματος και επισκέπτη καθηγητή του Πανεπιστημίου Hull της Αγγλίας.

Η γραφιστική επιμέλεια έγινε από τον Λευτέρη Παναγουλόπουλο. Αν σας ενδιαφέρει να προμηθευτείτε το λεύκωμα επικοινωνήστε με το info@artdrop.net. Το λεύκωμα διατίθεται και από την Amazon.

Το υλικό αποσκοπεί να αναδείξει την αποβιομηχάνιση της Αττικής με όλα τα τεράστια προβλήματα που τη χαρακτηρίζουν. Οι πληροφορίες που προσφέρονται κινούνται σε αυτή την κατεύθυνση και δεν αποσκοπούν φυσικά σε κάποια ενδελεχή περιγραφή του κάθε βιομηχανικού κλάδου.

Οι φωτογραφίες του χθες είναι αυτές με το διακριτό πλαίσιο. Οι αντίστοιχες του σήμερα είναι χωρίς πλαίσιο.

Η Αττική επιλέχθηκε για να είναι εφικτές οι φωτογραφίσεις που απαιτήθηκαν. Αν και ασφαλώς η αποβιομηχάνιση δεν έπληξε μόνο την Αττική πιστεύουμε ότι η μείζων περιοχή της πρωτεύουσας είναι αντιπροσωπευτική της χώρας.

Η μελαγχολία θα είναι αναπόφευκτη. Ας είναι και δημιουργική!

Ηράκλειο, Ιούνης 2018

ΑΝΤΙ ΠΡΟΛΟΓΟΥ

Η ΑΠΟΒΙΟΜΗΧΑΝΙΣΗ ΤΗΣ ΑΤΤΙΚΗΣ
το ανάξιο όνειρό μας για μια κατανάλωση χωρίς δημιουργία

Στο Γκάζι σήμερα θα νιώσει κανείς μια αύρα ευζωίας να ξεπηδάει μέσ' απ' τα μοντέρνα εστιατόρια, τους ζωντανούς ρυθμούς των μπαρ, τα χαρούμενα πρόσωπα, τις εξαίσιες μουσικές και τα δυνατά φώτα. Αν όμως δει δίπλα δίπλα το Γκάζι σήμερα κι αυτό που υπήρχε πριν από 50 χρόνια μένει με μια πικρή γεύση. Κάτι το στενάχωρο αναδεύει τώρα η αντιδιαστολή των δύο αυτών κόσμων.

Τι είναι αυτό το δυσάρεστο που γεννά η αντιπαράθεση του δύσκολου παλιού και του λαμπερού σημερινού; Της παραγωγής του παρελθόντος και της αποβιομηχάνισης και κατανάλωσης του παρόντος;

***

Εστιάζει αλλιώς ο φακός, γίνεται πιο ευρυγώνιος στο χρόνο. Αυτό είναι. Χωράει όλη την εικόνα, όχι μονάχα τη λαμπερή στιγμή.

Κι η μεγάλη εικόνα δεν είναι καλή. Έχει ανεργία, φτώχεια, περιθωριοποίηση της χώρας κι εγκλωβισμό της σε διαχρονικά και νεόκοπα φοβικά κι απομονωτικά σύνδρομα. Και παχιά, "ηρωικά" κι ανυπόφορα, λόγια, για γαρνιτούρα.

Φαντάζει πια η σημερινή εικόνα μετέωρη κι αβέβαιη. Τ' απατηλό, μεταπολιτευτικό, όνειρο για μια δοτή, μια δανεισμένη κι όχι κερδισμένη, κατανάλωση, με λειψές προϋποθέσεις παραγωγής.

Και πιο πίσω διακρίνεται ο ψυχικός και ηθικός εκπεσμός που χρειάζεται για να φτάσεις σ' αυτό το σημείο. Να προτιμάς δηλαδή την κατανάλωση απ' τη δημιουργία. Περισσότερο από απατηλό το όνειρο υπήρξε φτηνό κι ανάξιο. Κι αυτό είναι που κυρίως δεν αντέχεται και κάνει κάτι μέσα μας να εξεγείρεται.

Ίσως όλα αυτά δεν έγιναν μόνο στη μεταπολίτευση. Ίσως ξεκίνησαν παλιότερα, ίσως φταίνε κι εξωτερικοί παράγοντες. Δεν είναι αυτό όμως που κυρίως έχει σημασία.

***

Ας βάλουμε το αύριο δίπλα στο χθες και στο σήμερα. Σε μια τρίτη, δική μας εικόνα, κρατώντας κοινό σε όλες μόνο το καθαρό Αττικό φως. Ας τη συνθέσει ελεύθερα ο αναγνώστης στη φαντασία του. Μπορεί να είναι μια μικρή start-up, ένα εργαστήρι γλυπτικής, μια συνεταιριστική βιοτεχνία, μια έξυπνη ξενοδοχειακή μονάδα, μια πρότυπη υδροπονική καλλιέργεια, ένας αθλητικός χώρος ανοικτός για τις αναπηρίες, ένα κέντρο εκπαίδευσης και φιλοσοφίας, ένα παράρτημα μιας πολυεθνικής, μια πειραματική σκηνή μεσογειακής μουσικής, ένα ερευνητικό κέντρο. Διαλέξτε ελεύθερα από μια ατέλειωτη σειρά επιλογών και μια διεθνική ουρά ανυπόμονων υποψηφίων.

Φτιάξτε μόνοι σας την τρίτη εικόνα, αυτή που λείπει. Κι ας είναι ξανά μια εικόνα δημιουργίας.

Νίκος Σακκάς
Ηράκλειο, 2018

ΚΛΩΣΤΟΫΦΑΝΤΟΥΡΓΙΑ

ΓΕΝΙΚΑ ΣΤΟΙΧΕΙΑ

Η κλωστοϋφαντουργία αποτέλεσε σημαντικό κλάδο της ελληνικής μεταποιητικής βιομηχανίας και περιλάμβανε πολλούς επιμέρους υποκλάδους όπως αυτούς της νηματουργίας, της υφαντουργίας, της πλεκτικής, της ένδυσης. Η ιστορία της κλωστοϋφαντουργίας στην Ελλάδα συνδέεται με τις πρώτες προσπάθειες για την εκβιομηχάνιση της χώρας, καθώς από το 1830, μετά από τη σύσταση δηλαδή του ελληνικού κράτους, η χώρα αναπτυσσόταν, κυρίως, ως αγροτική και εμπορική, με ανύπαρκτη βιομηχανία ως το 1870.

Μεταξύ του 1880 και του 1926 οι προστατευτικοί φόροι που επιβλήθηκαν σε πολλά εισαγόμενα είδη, η εισροή κεφαλαίων και ο ερχομός των προσφύγων από την Μικρά Ασία, που αποτέλεσαν ένα φθηνό και αρκετά ειδικευμένο εργατικό δυναμικό και που εγκαταστάθηκαν στα μεγάλα αστικά κέντρα (Αθήνα, Πειραιάς, Πάτρα, Θεσσαλονίκη), έδωσαν ιδιαίτερη ώθηση στον τομέα της κλωστοϋφαντουργίας. Από τις αρχές του 1920 και μετά τα εργοστάσια που χρησιμοποιούσαν ατμομηχανές τις αντικαθιστούν σταδιακά με ντιζελομηχανές. Εντούτοις, πολλά παραμένουν με παλιό μηχανολογικό εξοπλισμό και κακή οργάνωση της παραγωγικής διαδικασίας. Χαρακτηριστικό είναι ότι παρά τον νόμο του 1920 περί ανωνύμων εταιρειών, το 1924 μόνο δύο από τις 54 βιομηχανίες βάμβακος έχουν τη μορφή της ανώνυμης εταιρείας. Οι περισσότερες είναι οικογενειακές επιχειρήσεις με αποτέλεσμα τον οξύ εσωτερικό ανταγωνισμό.

ΧΩΡΟΤΑΞΙΑ ΚΑΙ ΠΡΟΪΟΝΤΑ

Μέχρι τον Β' Παγκόσμιο Πόλεμο τα κυριότερα κέντρα του κλάδου της κλωστοϋφαντουργίας είναι η Αθήνα, ο Πειραιάς, το Λαύριο, η Έδεσσα, η Νάουσα, η Θεσσαλονίκη, η Πάτρα και η Ερμούπολη της Σύρου. Στην Έδεσσα και στη Νάουσα υπήρχαν κλωστοϋφαντουργία ήδη από τον 18ο αιώνα, χάρη στους καταρράκτες, ενώ ο Πειραιάς και η Θεσσαλονίκη αναπτύχθηκαν και χάρη στη γεωγραφική τους θέση, ως λιμάνια και κέντρα διαμετακομιστικού εμπορίου, μεταξύ Ευρώπης και Μέσης Ανατολής.

Στα προϊόντα που παράγονται συμπεριλαμβάνονται τα νήματα, τα υφάσματα, οι δαντέλες, οι ταινίες, τα σκοινιά, οι σπάγκοι, τα δίχτυα. Η ύφανση αφορά κυρίως το βαμβάκι, το μαλλί και, μετά τον Β΄ Παγκόσμιο Πόλεμο, και τις συνθετικές ίνες. Οι μονάδες επεξεργασίας βαμβακιού είναι οι κυρίαρχες, καθώς παράγουν το 50% της παραγωγής του τομέα, είναι πιο ανταγωνιστικές στη διεθνή αγορά ενώ μετά τον πόλεμο επικρατούν αυτές της μεσαίας και μεγάλης κλίμακας, με εκσυγχρονισμένο μηχανολογικό εξοπλισμό. Την πρώτη ύλη, το βαμβάκι, το παίρνουν από την εγχώρια αγορά και το 34% είναι συγκεντρωμένες στην Αθήνα.

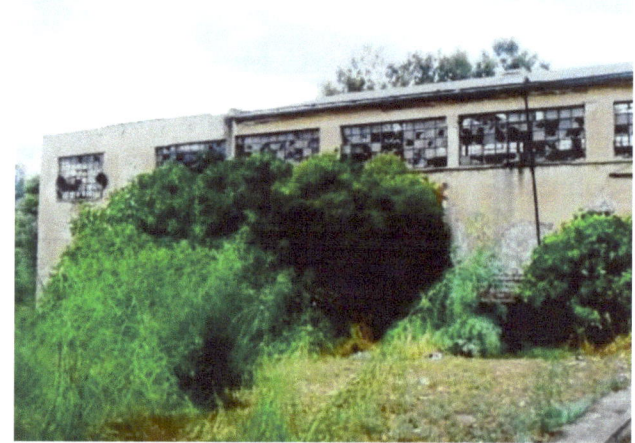

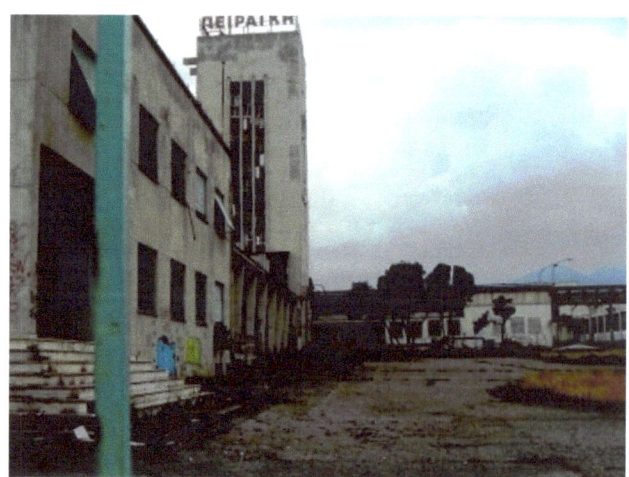

ΠΑΡΑΓΩΓΗ ΚΑΙ ΑΠΑΣΧΟΛΗΣΗ

ΚΛΩΣΤΟΫΦΑΝΤΟΥΡΓΙΑ

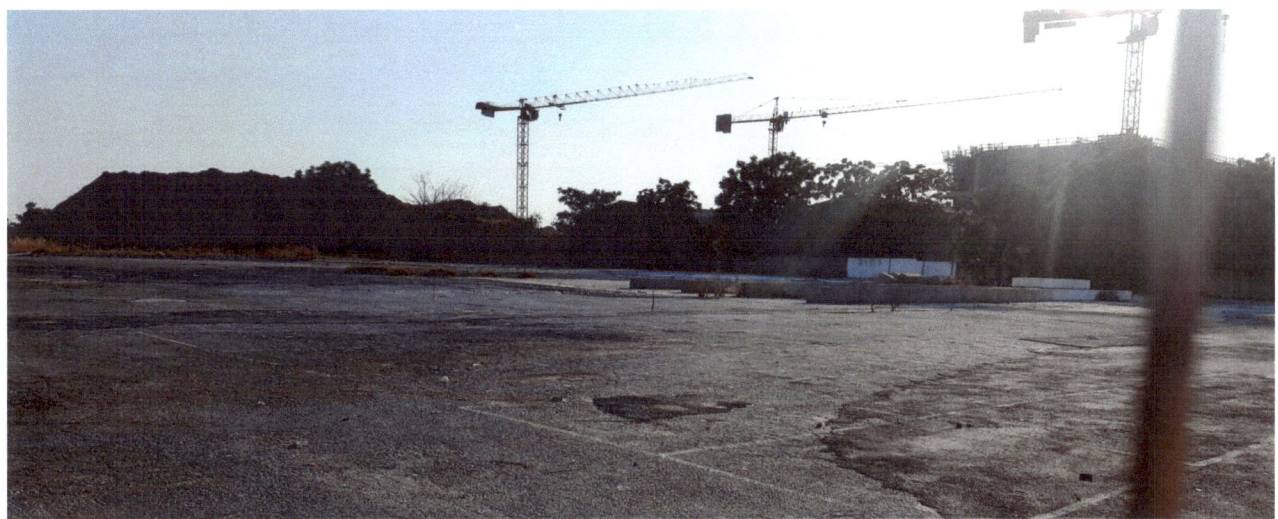

Το 1938 η αξία της κλωστοϋφαντουργικής παραγωγής ανήλθε σε 4.100.000 χρυσές λίρες και αντιστοιχούσε στο 27% της συνολικής βιομηχανικής παραγωγής. Σύμφωνα με στοιχεία του Συνδέσμου Ελλήνων Βιομηχάνων Κλωστοϋφαντουργών, ο κλάδος της κλωστοϋφαντουργίας συμβάλλει τη περίοδο εκείνη με ποσοστό 15% περίπου στη διαμόρφωση του ΑΕΠ της χώρας, ενώ απασχολεί 70.000 εργαζομένους. Συμπεριλαμβανομένου και του προσωπικού που απασχολείται στον κλάδο της ένδυσης, ο συνολικός αριθμός των εργαζομένων προσεγγίζει τα 120.000 άτομα αντιπροσωπεύοντας το 28% περίπου των απασχολουμένων στην εγχώρια μεταποίηση.

Οι εξαγωγές κλωστοϋφαντουργικών προϊόντων και ετοίμων ενδυμάτων κατατάσσουν τον ευρύτερο αυτό κλάδο ως το μεγαλύτερο εξαγωγικό της εγχώριας μεταποιητικής βιομηχανίας.

Τις δεκαετίες του 1970 και 1980 σημειώνονται τα πρώτα προβλήματα στον κλάδο αναφορικά με την εσωτερική ζήτηση, λόγω αλλαγής των καταναλωτικών συνηθειών, καθώς τα υφάσματα παύουν να είναι η πρώτη ύλη που αγοράζουν οι καταναλωτές για να ράψουν κουστούμια και ο κόσμος προτιμά να αγοράζει έτοιμα. Εμφανίζεται παράλληλα και κατακλύζει την αγορά - ειδικά όσον αφορά τους νέους - το τζιν. Το βαρύ πάντως χτύπημα δίνεται το 1995, όταν υιοθετήθηκε από τον Παγκόσμιο Οργανισμό Εμπορίου μία νέα «Συμφωνία για την Κλωστοϋφαντουργία και την Ένδυση», που απελευθερώνει πλήρως τις εισαγωγές και απαγορεύει τους φραγμούς. Ο τομέας σε όλη την Ευρώπη και ιδιαίτερα στην Ελλάδα πλήττεται από τον ανταγωνισμό χωρών με χαμηλό εργατικό κόστος κυρίως στην Ασία (Πακιστάν, κ.λπ).

ΠΗΓΕΣ:

http://www.eie.gr/archaeologia/gr/arxeio.aspx
https://issuu.com/piop_media2008/docs/technology9/37
monumenta.org

ΚΛΩΣΤΟΫΦΑΝΤΟΥΡΓΙΑ

Η ΠΕΙΡΑΪΚΗ - ΠΑΤΡΑΪΚΗ ΒΙΟΜΗΧΑΝΙΑ ΒΑΜΒΑΚΟΣ Α.Ε

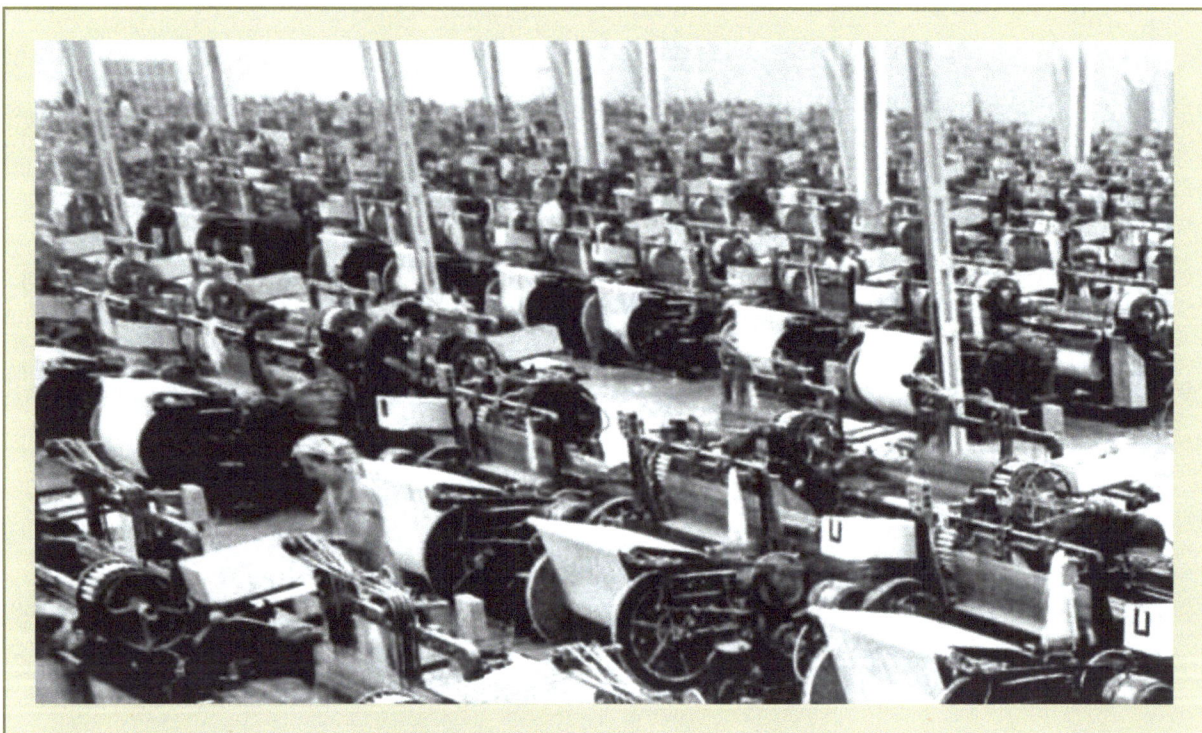

Η Πειραϊκή - Πατραϊκή Βιομηχανία Βάμβακος Α.Ε., γνωστή σαν «Πειραϊκή-Πατραϊκή», ήταν η μεγαλύτερη κλωστοϋφαντουργική βιομηχανία, βιομηχανία βάμβακος και ετοίμων ενδυμάτων της Ελλάδος. Ιδρύθηκε το 1919 και λειτούργησε ως το 1996. Το 1926 ξεκίνησε η λειτουργία του κλωστηρίου με την περαιτέρω αγορά μηχανημάτων από την Γερμανία και με εξειδικευμένο προσωπικό από τις κλωστοϋφαντουργίες του Πειραιά αλλά και το 1928 η επιχείρηση εξοπλίστηκε με περαιτέρω μηχανήματα από την Γερμανία. Λόγω των μεγάλων «ανοιγμάτων» για τον εξοπλισμό της επιχείρησης, η διετία 1929-1931 ήταν κρίσιμη για την βιωσιμότητά της καθώς τα υπέρογκα χρέη της «Πειραϊκής» (θυγατρική) ανάγκασαν τους επιχειρηματίες να την συγχωνεύσουν με την «Πατραϊκή» το 1933 για την λήψη νέων δανείων από την Εθνική Τράπεζα της Ελλάδος που ήταν ο πρωταρχικός της δανειστής.

ΚΛΩΣΤΟΫΦΑΝΤΟΥΡΓΙΑ

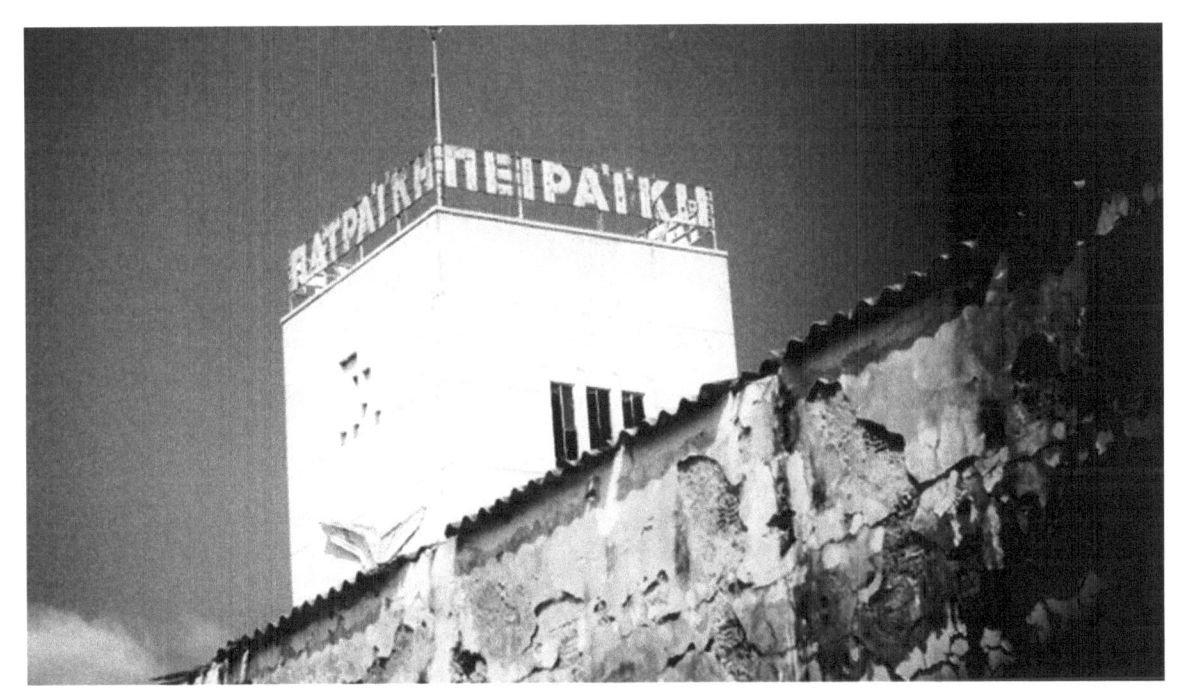

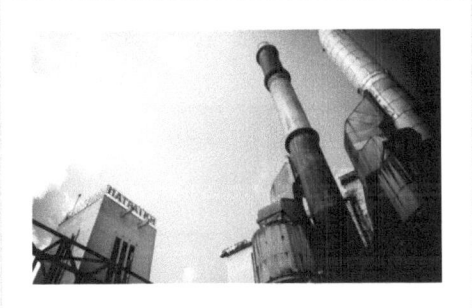

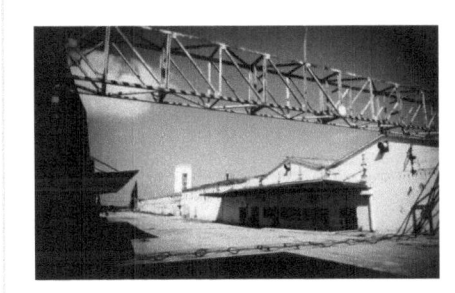

ΚΛΩΣΤΟΫΦΑΝΤΟΥΡΓΙΑ

ΑΙΓΑΙΟΝ

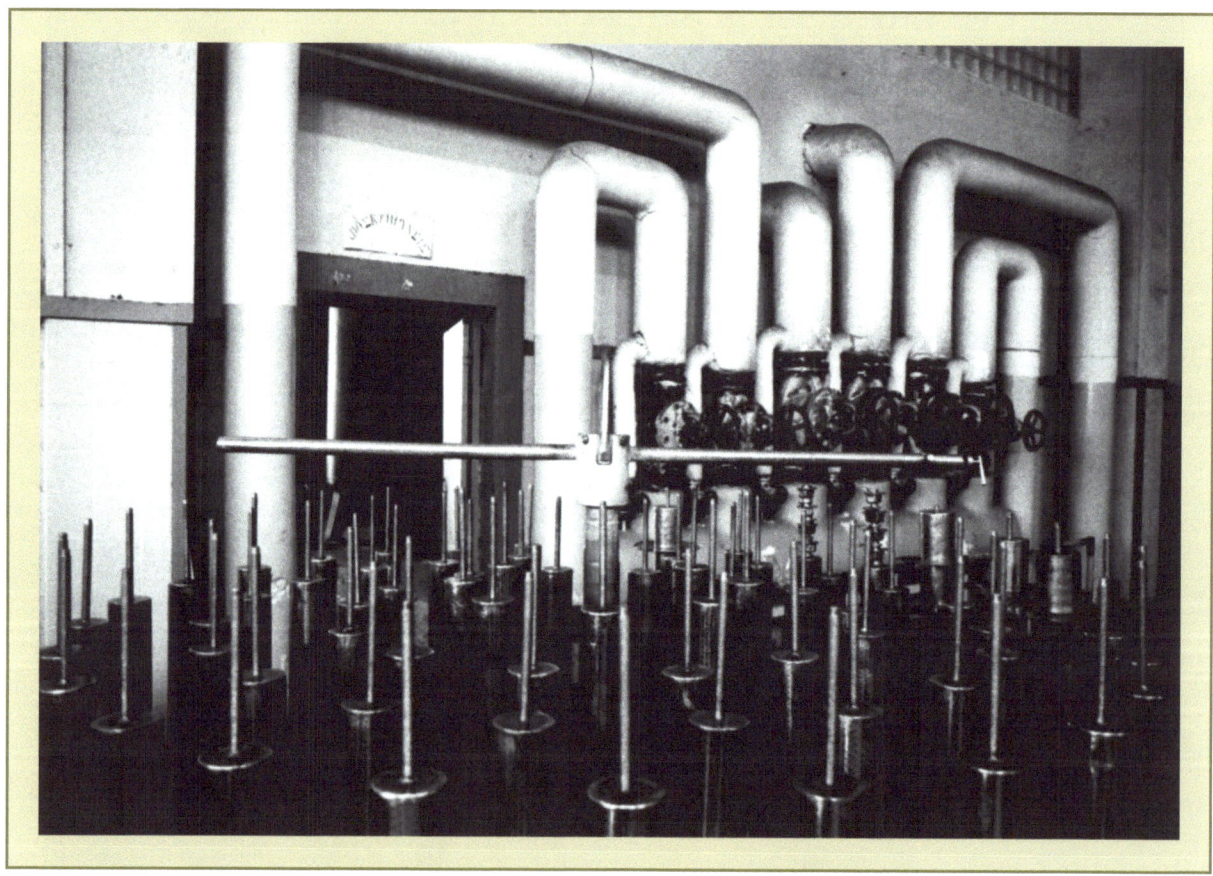

ΚΛΩΣΤΟΫΦΑΝΤΟΥΡΓΙΑ

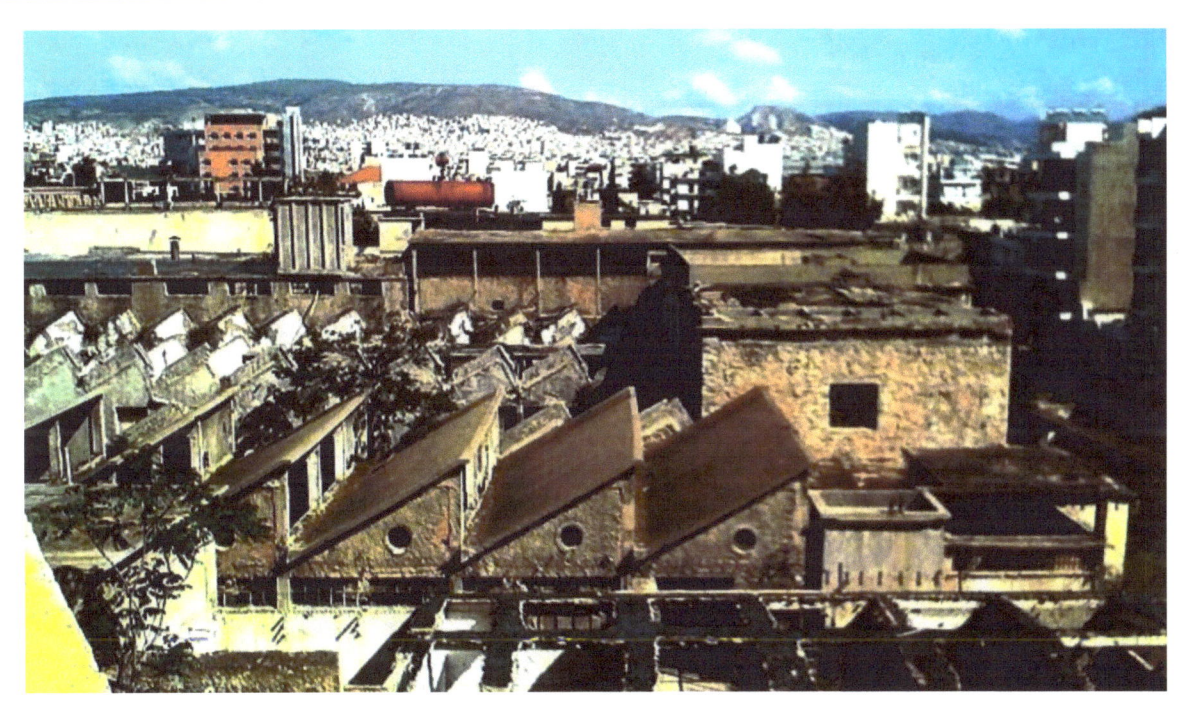

Η πλεκτοβιομηχανία και κλωστοϋφαντουργία Αιγαίον, ιδρύθηκε το 1924 και ήταν η δεύτερη (χρονικά) κλωστοϋφαντουργία που δημιούργησε η οικογένεια Καρέλλα, μετά τη ΒΕΛΚΟ το 1920. Παραδοσιακή δύναμη του κλάδου, η «Αιγαίον» απασχολούσε περίπου 1.600 εργαζόμενους. Το 1955, ο Δημήτρης Καρέλλας, ίδρυσε εργοστάσιο στο Λαύριο. Η εταιρεία έβαλε λουκέτο τον Φεβρουάριο του 1990.

ΚΛΩΣΤΟŸΦΑΝΤΟΥΡΓΙΑ

ΕΤΜΑ

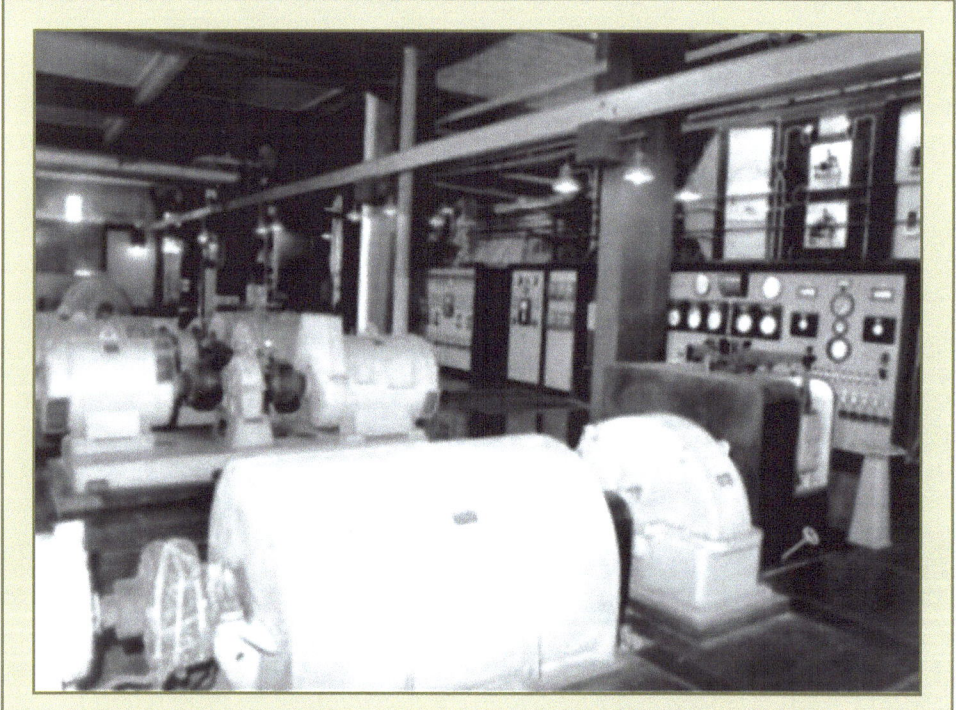

Η ΕΤΜΑ ιδρύθηκε το 1922 σαν Ετερόρρυθμη Εταιρεία και από το 1925 μετετράπη σε Ανώνυμη Εταιρεία, και λειτουργούσε από το 1928 στην περιοχή του Βοτανικού, οδός Αγίας Άννας, μέχρι τα τέλη της δεκαετίας του 1990. Το κλείσιμο του εργοστασίου της ΕΤΜΑ στην Ελλάδα και η μεταφορά του στην Κίνα οφείλεται - σύμφωνα με την εταιρεία - σε μια σειρά παραγόντων (ο κυριότερος από τους οποίους ήταν το υψηλό εργατικό κόστος), οι οποίοι περιόριζαν σημαντικά την ανταγωνιστικότητά της. Σήμερα από την παλιά ΕΤΜΑ μένει στην Ελλάδα μόνο μια μικρή θυγατρική της εταιρεία, η Ελλατέξ, η οποία δραστηριοποιείται στην παραγωγή συνθετικών νημάτων.

ΚΛΩΣΤΟΫΦΑΝΤΟΥΡΓΙΑ

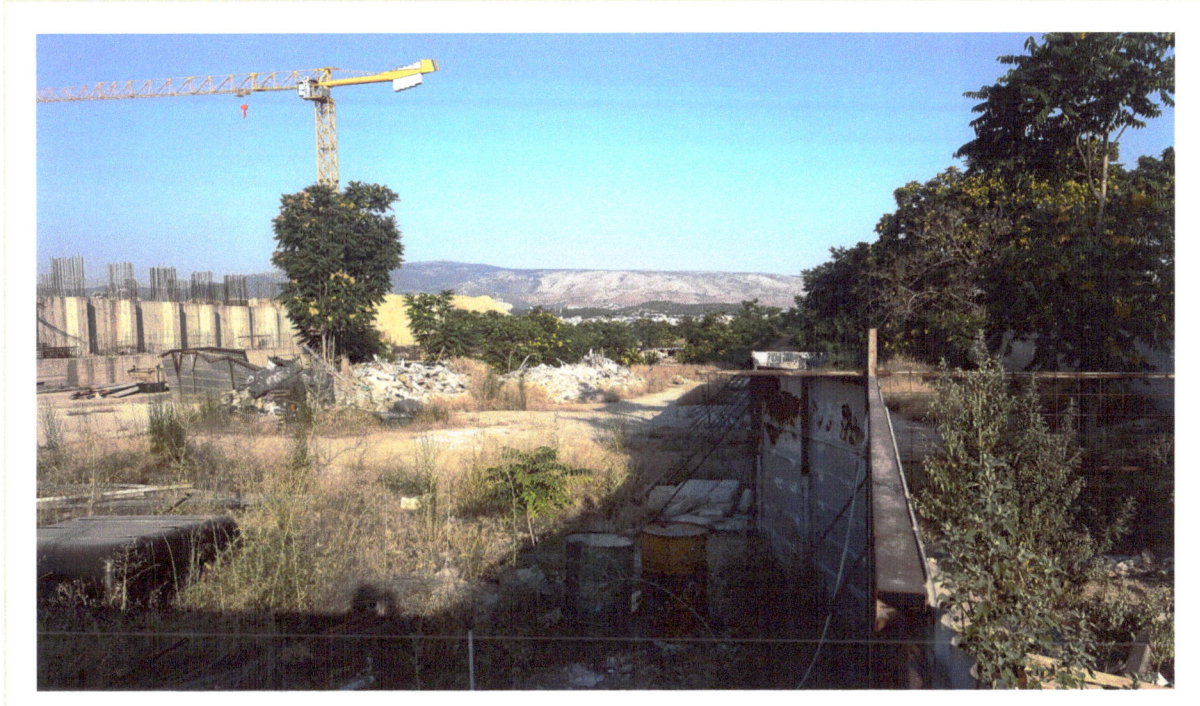

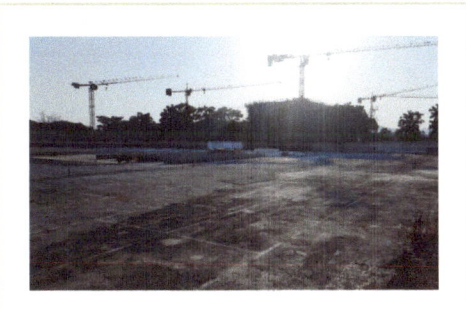

ΚΛΩΣΤΟΫΦΑΝΤΟΥΡΓΙΑ

ΧΡΥΣΑΛΛΙΣ

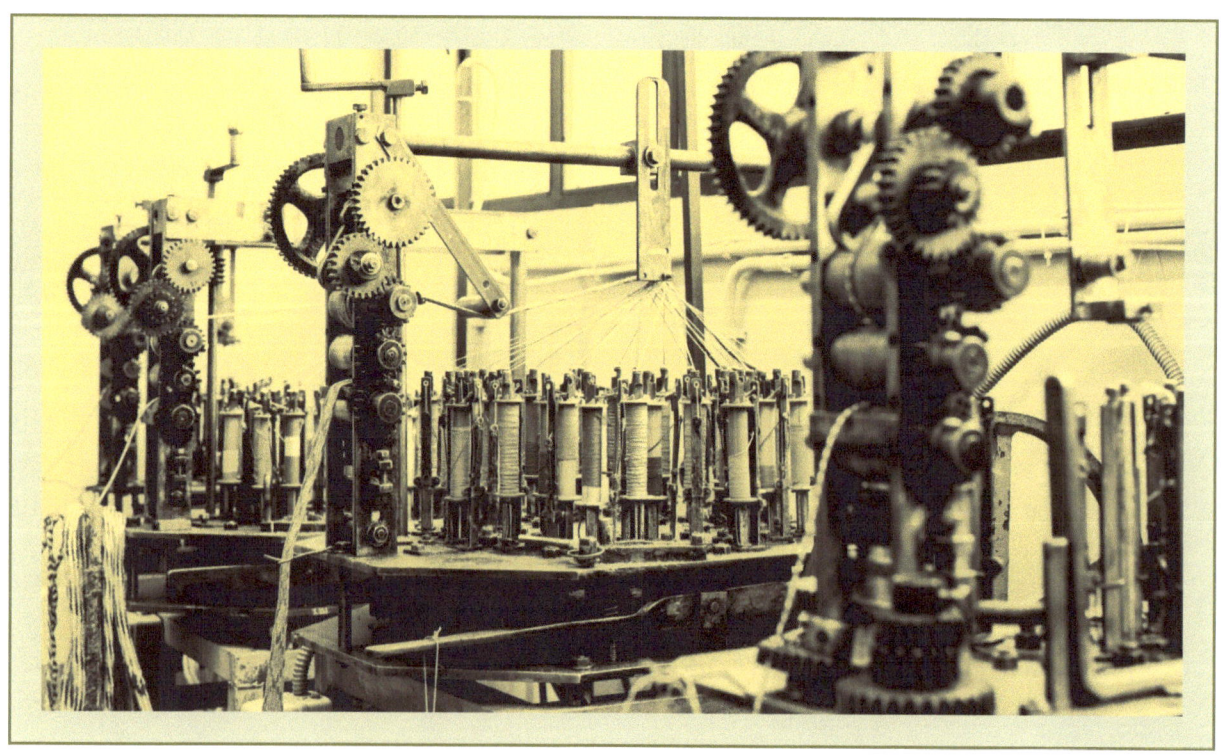

ΚΛΩΣΤΟΫΦΑΝΤΟΥΡΓΙΑ

Το μεταξοϋφαντουργείο «Η Χρυσαλλίς – Σ.Η. Παπαδόπουλος» ιδρύθηκε το 1901 από τον Στυλιανό Παπαδόπουλο στον Πειραιά με δύναμη δύο χειροκίνητων ιστών. Η εξέλιξη της παραγωγής ήταν τέτοια ώστε το 1908 μετέφερε το εργοστάσιό του στο Νέο Φάληρο και εγκατέστησε σε αυτό εκτός των αναπηστηρίων μεταξιού και 35 μηχανικούς ιστούς. Με την πάροδο του χρόνου η παραγωγή αυξήθηκε σημαντικά ποσοτικά και ποιοτικά και η μεταξοϋφαντουργία κατάφερε να ανταποκριθεί στις απαιτήσεις της κατανάλωσης. Το 1925 ο Παπαδόπουλος μετέβαλε την επιχείρηση σε ανώνυμη εταιρεία με την επωνυμία «Μεταξοϋφαντουργείον 'Η Χρυσαλλίς' Στυλιανός Η. Παπαδόπουλος Α.Ε.» και ίδρυσε νέο εργοστάσιο στον Ποδονίφτη (στις περιοχές Ν. Φιλαδέλφειας και Ν. Χαλκηδόνας) με άλλους 124 ιστούς.

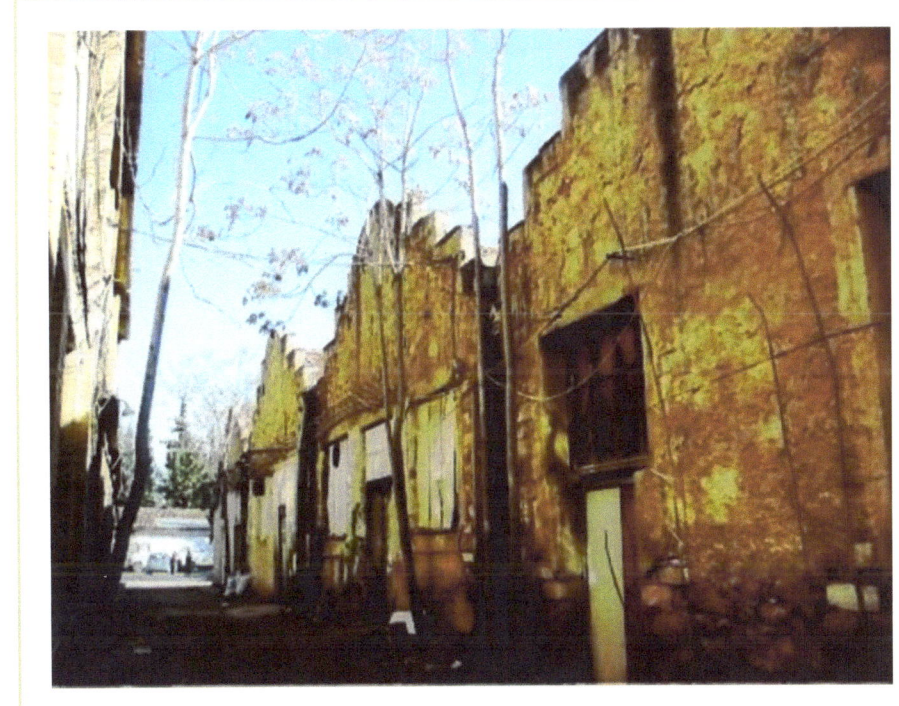

ΚΛΩΣΤΟΫΦΑΝΤΟΥΡΓΙΑ

ΜΠΡΙΤΑΝΝΙΑ

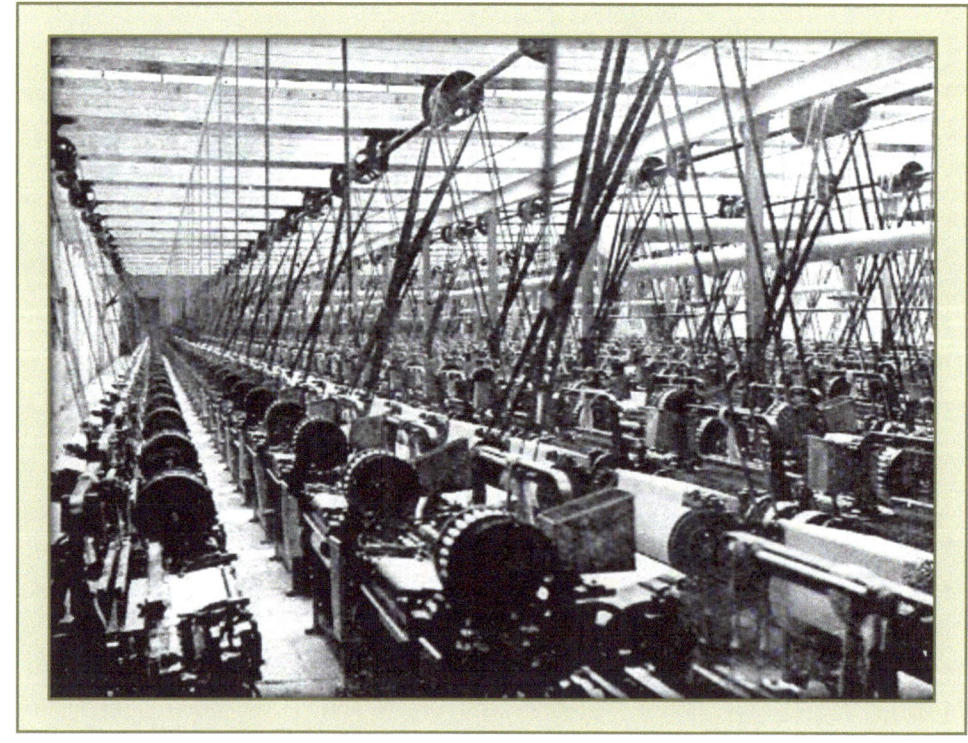

ΚΛΩΣΤΟΫΦΑΝΤΟΥΡΓΙΑ

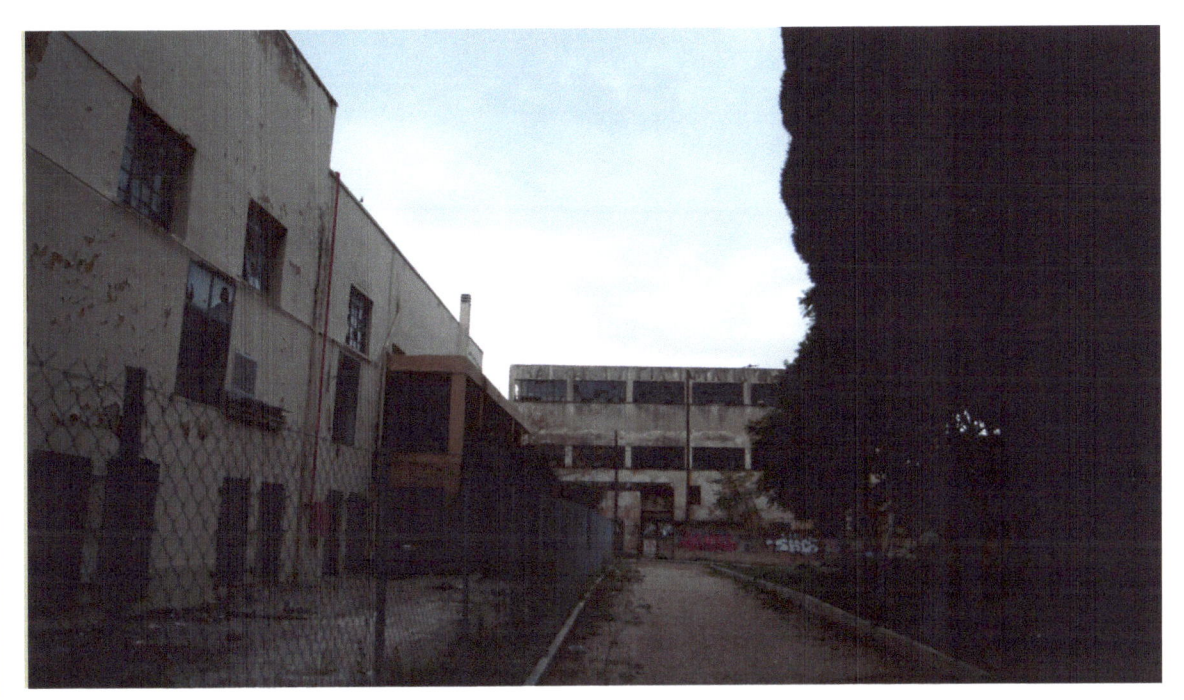

Η Μπριτάννια με την επωνυμία «Α.Ε. BRITANNIA Αγγλική Εριουργία εν Ελλάδι» ιδρύθηκε το 1931 από την Εμπορική Εταιρία CROSLAND MOOR & SO LMD που είχε έδρα στο Μάντσεστερ της Αγγλίας, τον Κ. Ναθαναήλ και την Εταιρεία «Γιαννούτσικος-Πετσιάβας». Το εργοστάσιο χτίστηκε στις όχθες του Ποδονίφτη στα νοτιοανατολικά όρια της Ν.Φιλαδέλφειας και χρησιμοποιούσε κυρίως προσφυγικά χέρια των οποίων το 60% ανήκε σε κορίτσια λόγω των απαιτητικά λεπτών χειρισμών που χρειαζόταν η παραγωγή. Η Μπριτάννια αφού επέδειξε μια τεράστια αντοχή στις καταθλιπτικές πιέσεις της Ελληνικής βιομηχανίας από τις ανεξέλεγκτες εισαγωγές, μέσα στο 2007 ανέστειλε τη λειτουργία της.

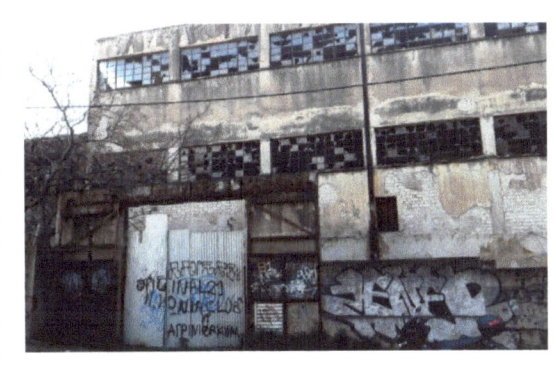

ΚΛΩΣΤΟΫΦΑΝΤΟΥΡΓΙΑ

Α.Ε. ΕΛΛΗΝΙΚΑ ΚΛΩΣΤΗΡΙΑ ΥΙΩΝ ΤΕΓΟΠΟΥΛΟΥ ΒΑΜΒΑΚΟΥΡΓΙΑ ΤΗΣ ΦΙΛΑΔΕΛΦΕΙΑΣ

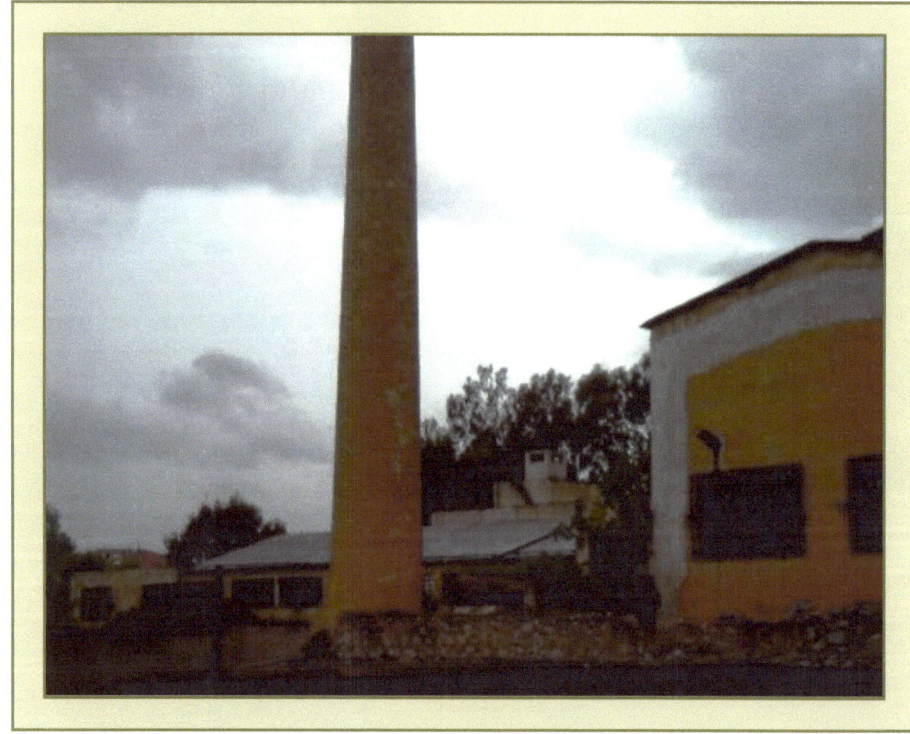

Η «Βαμβακουργία της Φιλαδέλφειας» ξεκίνησε, με την επωνυμία «Α.Ε. Ελληνικά Κλωστήρια Υιών Τεγόπουλου», το 1935. Η Επιχείρηση από το 1947 έχει πια την επωνυμία «Βαμβακουργία Νέας Φιλαδέλφειας Α.Ε.» και στο νέο Διοικητικό Συμβούλιο δεν εμφαίνονται οι Αδελφοί Τεγόπουλοι, ενώ μέλη του Διοικητικού Συμβουλίου συμμετέχουν και στη γειτονική «Μπριτάννια» στην οποία περιήλθε και το Εργοστάσιο μετά το 1957.

ΚΛΩΣΤΟΫΦΑΝΤΟΥΡΓΙΑ

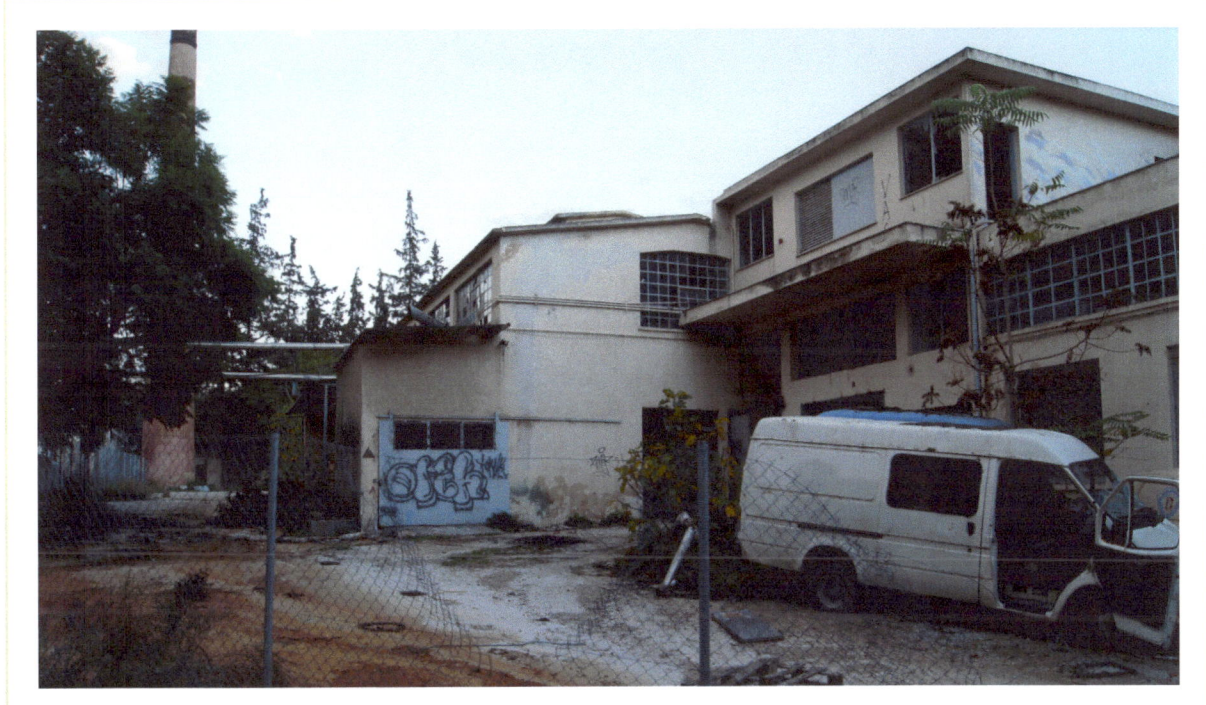

ΚΛΩΣΤΟΫΦΑΝΤΟΥΡΓΙΑ

ΡΕΤΣΙΝΑ

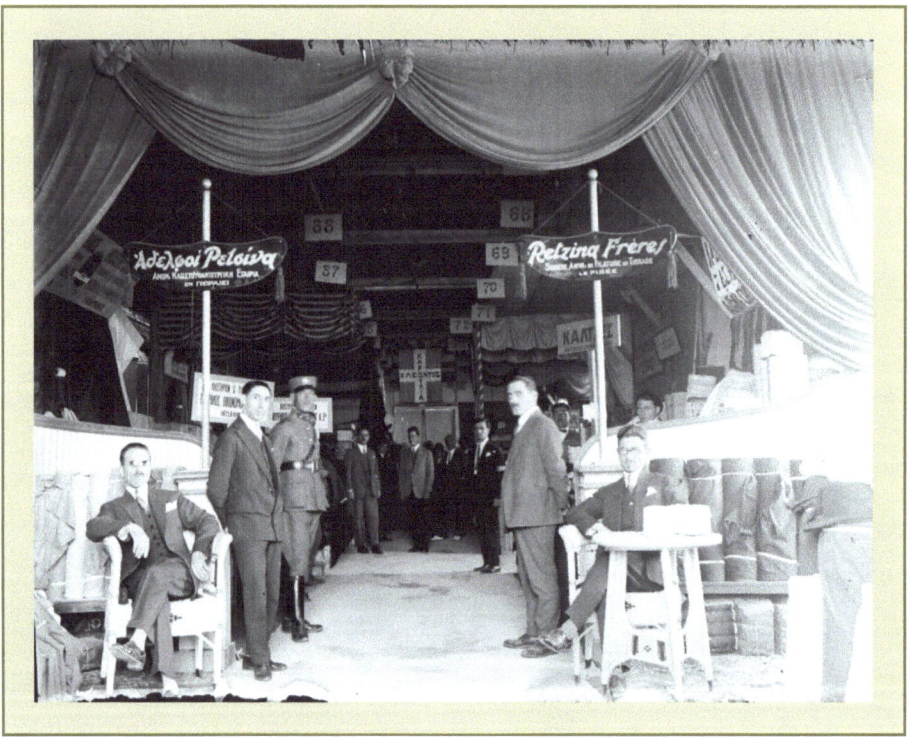

Το εργοστάσιο Ρετσίνα αποτελούσε για έναν περίπου αιώνα την μεγαλύτερη κλωστοϋφαντουργική εταιρεία σε ολόκληρη την Ελλάδα απασχολώντας χιλιάδες εργατικά χέρια. Η κλωστοϋφαντουργία Ρετσίνα ιδρύθηκε το 1872 στον Πειραιά από τους αδελφούς Θεόδωρο, Αλέξανδρο και Δημήτριο Ρετσίνα, γιους του εμπόρου και ποτοποιού Γεωργίου Ρετσίνα από το Άργος, ενός από τους πρώτους οικιστές της πόλης. Τα ερείπια της πρώην μεγάλης βιομηχανίας της οικογένειας Ρετσίνα βρίσκονται στο μεγάλο τρίγωνο μεταξύ της Οδού Θηβών, της Οδού Υμηττού και των σιδηροδρομικών γραμμών του ΟΣΕ. Η οικογένεια Ρετσίνα μετά το 1890 κατασκεύασε άλλα 4 μεγάλα εργοστάσια σε διάφορα άλλα σημεία του Πειραιά, στο Νέο Φάληρο, στον Άγιο Διονύσιο, στα Μανιάτικα και στην γέφυρα Ιπποδάμειας. Τα 4 εργοστάσια του Πειραιά κατεδαφίστηκαν το 1957.

ΚΛΩΣΤΟΫΦΑΝΤΟΥΡΓΙΑ

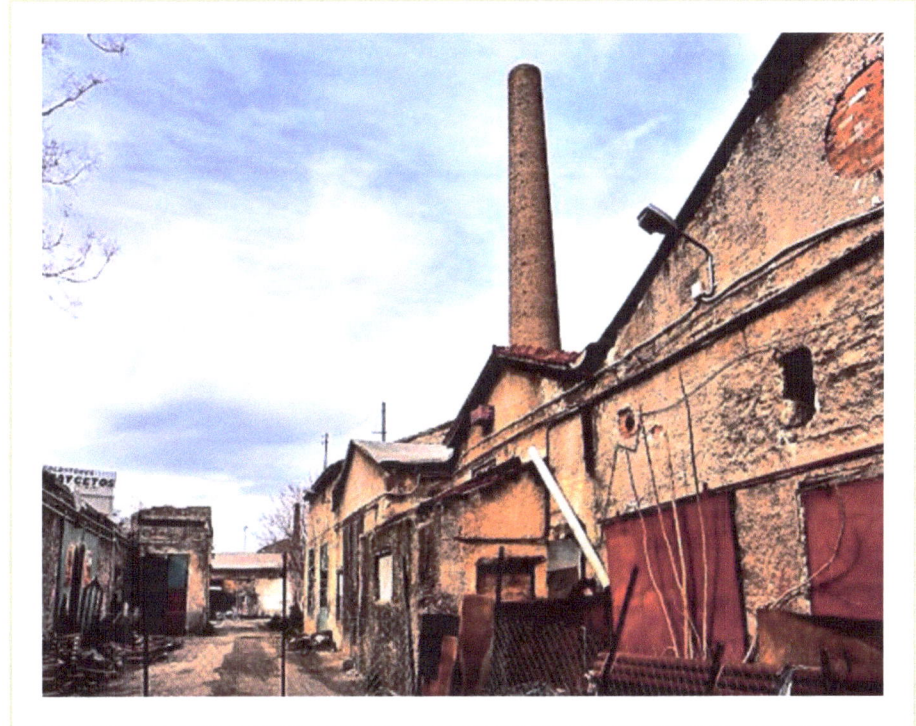

ΚΛΩΣΤΟΫΦΑΝΤΟΥΡΓΙΑ

ΕΣΠΕΡΟΣ

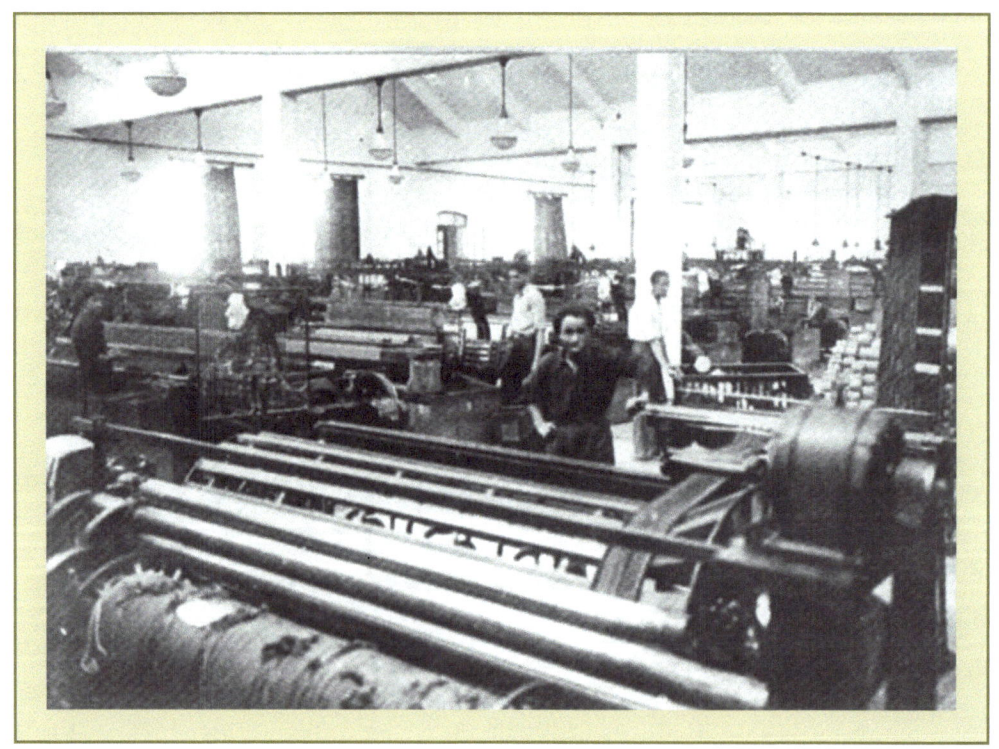

ΚΛΩΣΤΟΫΦΑΝΤΟΥΡΓΙΑ

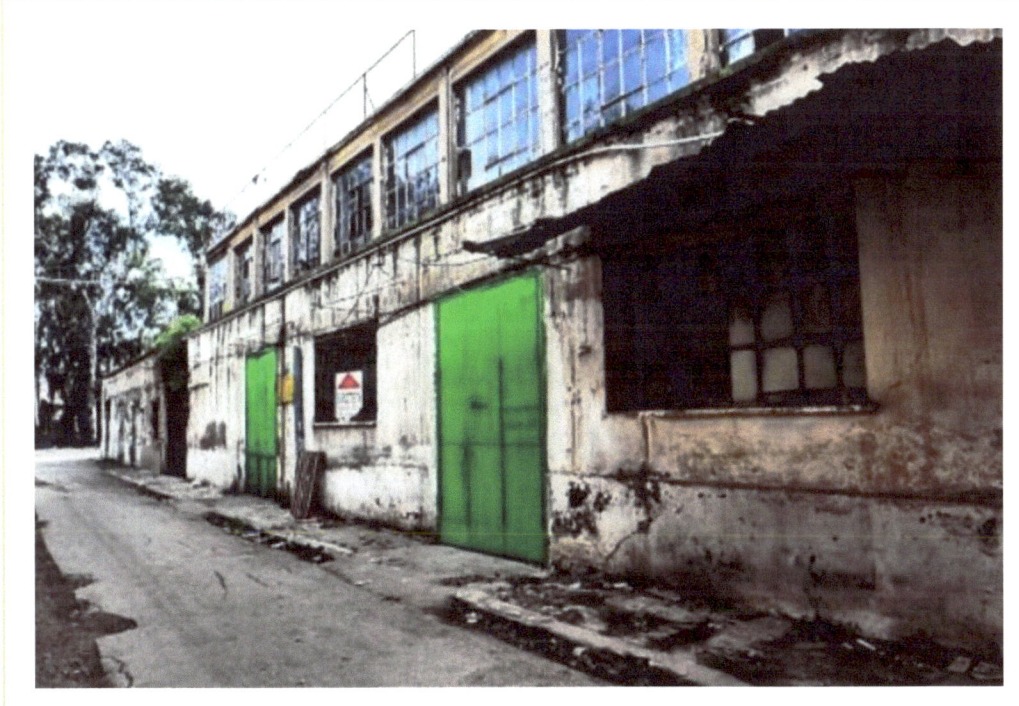

Η βιομηχανία Έσπερος ήταν ακόμα μια μονάδα παραγωγής που δραστηριοποιούνταν στο χώρο της κλωστοϋφαντικής έχοντας γειτονικές επιχειρήσεις την Χρυσαλλίς και την Μπριττάνια, απασχολώντας εξίσου πολλά εργατικά χέρια.

ΚΛΩΣΤΟΫΦΑΝΤΟΥΡΓΙΑ

ΕΡΙΟΥΡΓΙΑ ΠΑΤΗΣΙΩΝ

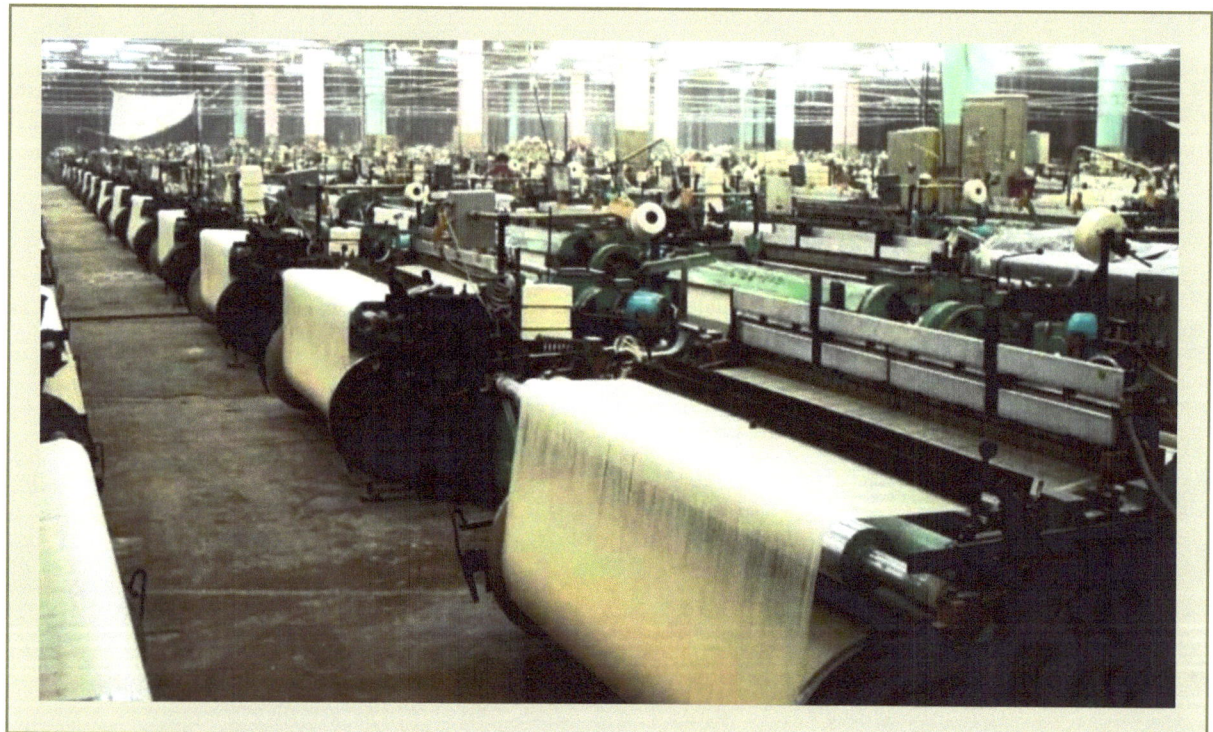

Το συγκρότημα κτιρίων της Ελληνικής Εριουργίας, στα Άνω Πατήσια, που χρονολογείται στις αρχές της δεκαετίας του 1920, απασχολούσε πολλά φθηνά εργατικά χέρια, τα περισσότερα από τα οποία ανήκαν σε πρόσφυγες από τη Σμύρνη. Το 1935 το εργοστάσιο πέρασε στα χέρια του Μποδοσάκη και έτσι ξεκίνησε μια νέα περίοδος ανάπτυξης για την Ελληνική Εριουργία, η οποία τερματίστηκε οριστικά στα μέσα της δεκαετίας του '50.

ΚΛΩΣΤΟΫΦΑΝΤΟΥΡΓΙΑ

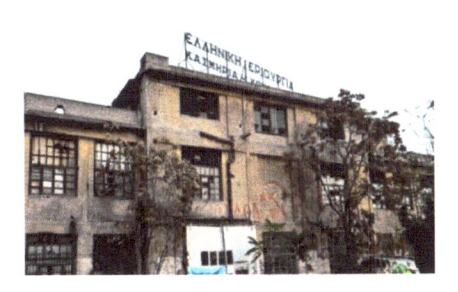

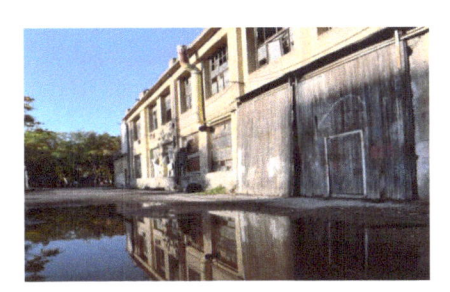

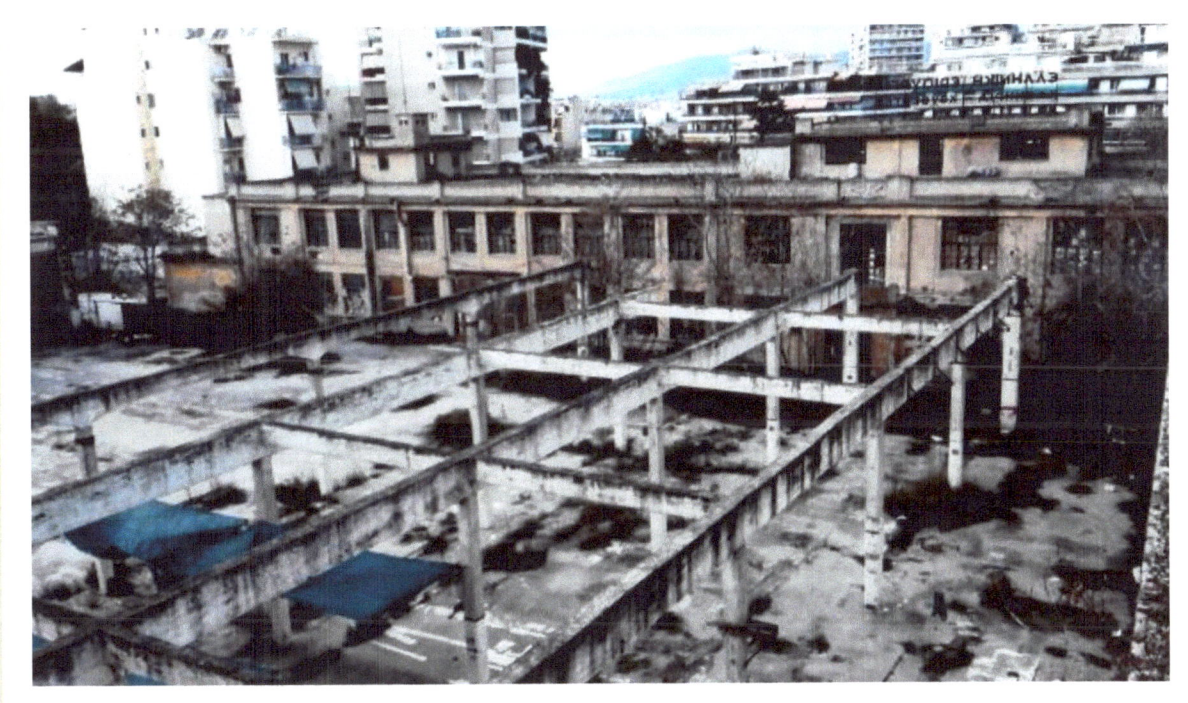

ΚΛΩΣΤΟΫΦΑΝΤΟΥΡΓΙΑ

ΑΘΗΝΑΪΣ ΜΕΤΑΞΟΥΡΓΙΑ

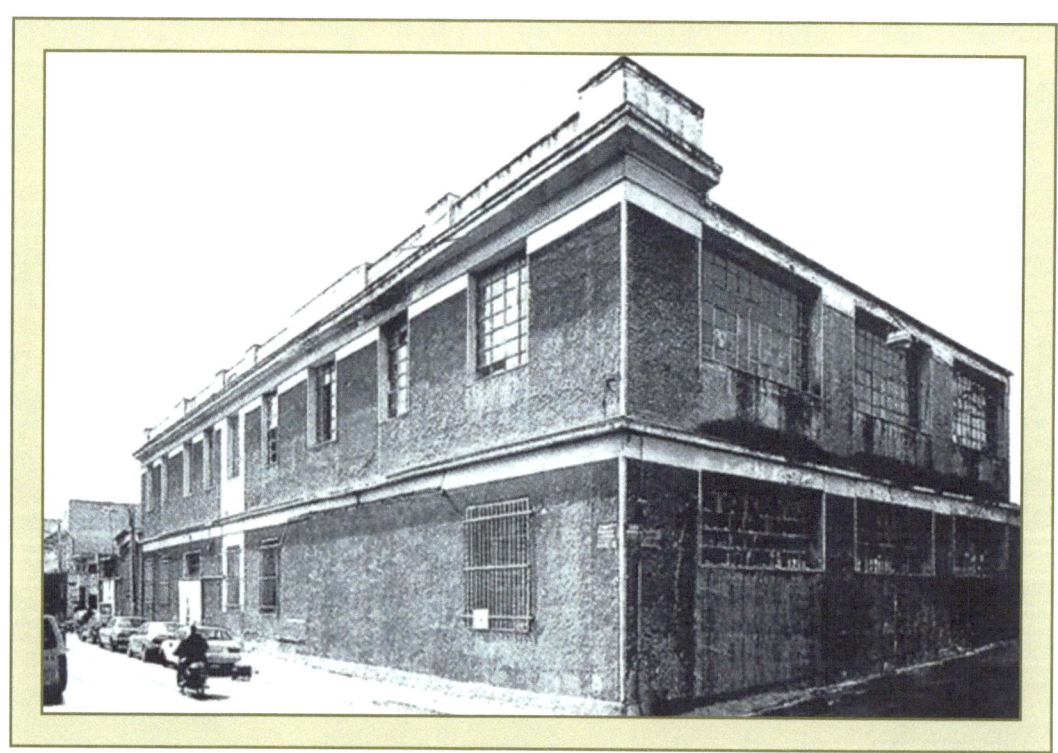

ΚΛΩΣΤΟΫΦΑΝΤΟΥΡΓΙΑ

Το κτιριακό συγκρότημα του εργοστασίου της μεταξουργίας "Αθηναΐς" οικοδομήθηκε στην περιοχή του Βοτανικού το 1925 και περιλάμβανε επτά διαφορετικά κτίσματα, από τα οποία τα περισσότερα είχαν μικτό φέροντα οργανισμό, με λιθοδομή και οπλισμένο σκυρόδεμα. Μετά τη διακοπή της λειτουργίας του, το εργοστάσιο περιήλθε στην ιδιοκτησία της Μ. Μαμιδάκη που αποφάσισε τη δημιουργία ενός "κέντρου πολιτισμού και ψυχαγωγίας". Με την ανάπλαση που έγινε το 2000 (βάσει μελέτης πολυπληθούς ομάδας αρχιτεκτόνων), διατηρήθηκαν τέσσερα από τα αρχικά κτίσματα, κατεδαφίστηκαν τρία και στη θέση τους οικοδομήθηκαν νέα, ενώ προστέθηκαν και άλλα δύο που κτίστηκαν σε ακάλυπτους χώρους. Στο συγκρότημα που προέκυψε στεγάστηκαν το Μουσείο Κυπριακής Τέχνης, ένα συνεδριακό κέντρο, ένας εκθεσιακός χώρος, ένα θέατρο, δύο κινηματογράφοι, εστιατόριο και ένα cafe-bar.

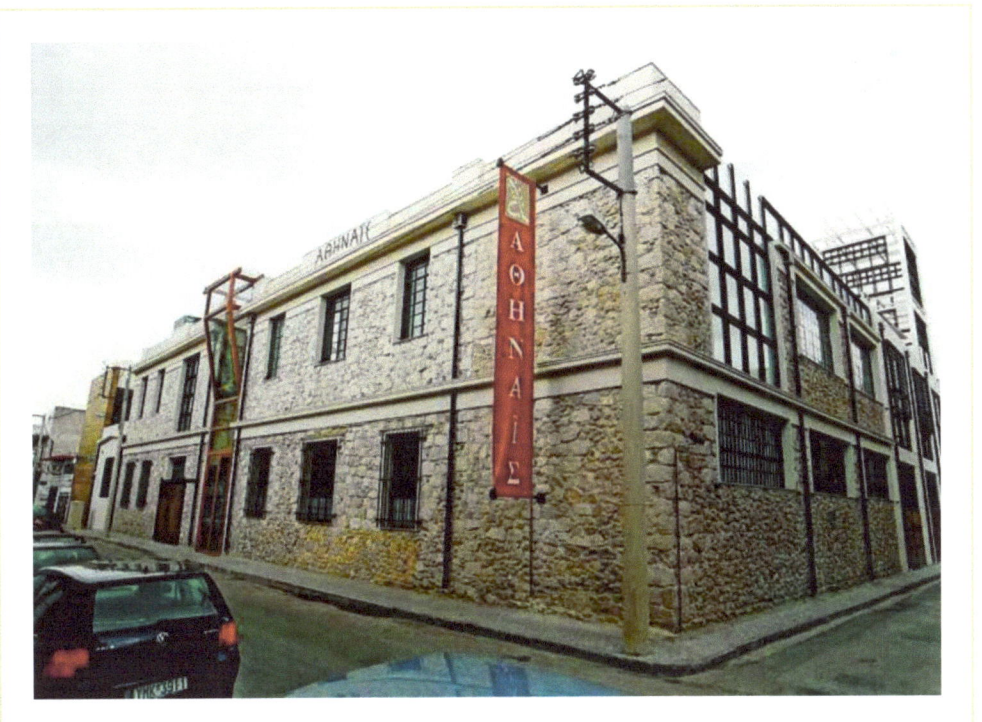

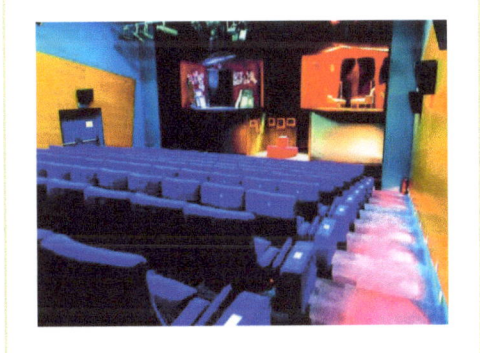

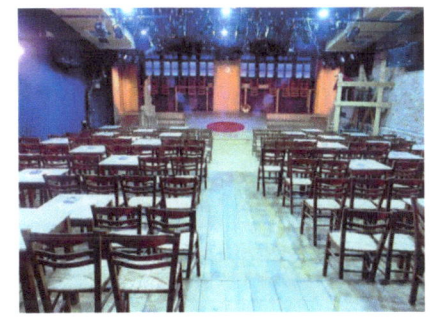

ΚΛΩΣΤΟΫΦΑΝΤΟΥΡΓΙΑ

ΤΑΠΗΤΟΥΡΓΙΑ ΚΑΧΡΑΜΑΝΟΓΛΟΥ

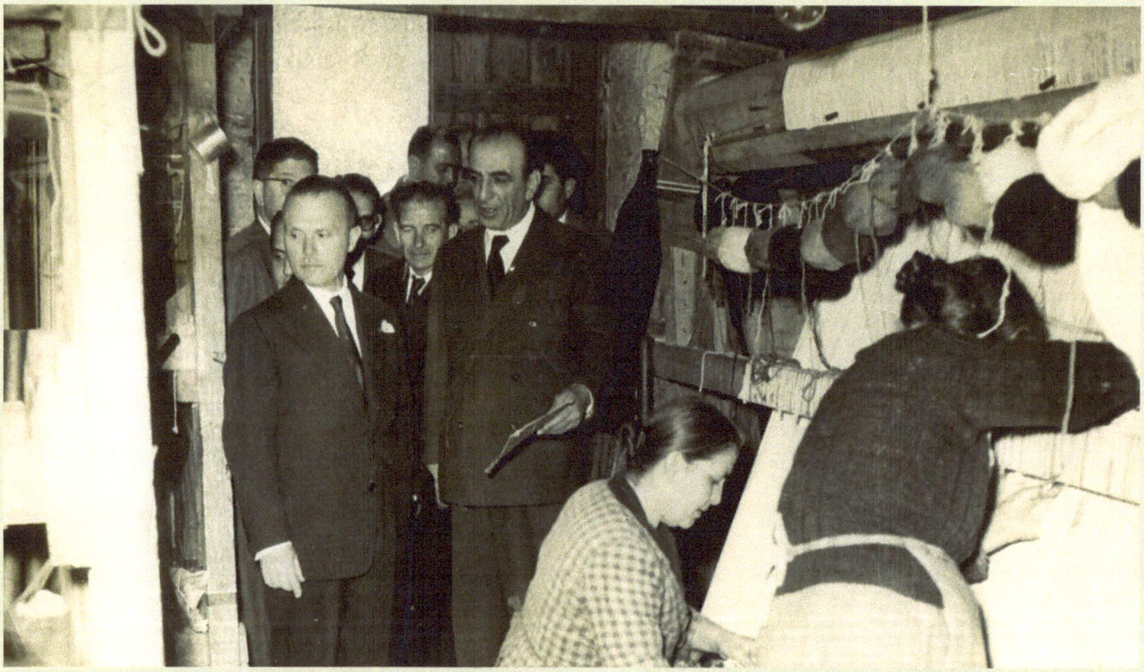

Η οικογένεια Καχραμάνογλου ξεκίνησε να ασχολείται με τη παραγωγή χειροποίητων χαλιών στις αρχές του 20ου αιώνα, στα Σπάρτα της Μ.Ασίας. Το 1922 μετέφερε τις δραστηριότητες της στην Ελλάδα όπου, η οικογένεια Καχραμάνογλου δημιούργησε ένα εργοστάσιο ταπητουργίας στον Πειραιά.
Οι υιοί Δ.Καχραμάνογλου, το 1957, έλαβαν ένα οικόπεδο έκτασης 5.066 τετραγωνικών μέτρων στο Κερατσίνι από το Υπουργείο Πρόνοιας με σκοπό την εγκατάσταση μονάδας παραγωγής ταπητουργίας, του οποίου η παραγωγή χαλιών (ταπήτων) στηριζόταν σε 300 αργαλειούς. Η εταιρεία την εποχή της μεγάλης ακμής της, χαρακτηριζόταν από ένα κεντρικό σύνθημα των βιομηχάνων Αδερφών Καχραμάνογλου προς τις εκατοντάδες-κυρίως-εργάτριες του εργοστασίου που ήταν: ''λιγότερο φαγητό, λιγότερος ύπνος, περισσότερη δουλειά''. Από τα μέσα της δεκαετίας του 1970, η επιχείρηση μπήκε σε τροχιά σταδιακής ύφεσης μέχρι τη χρεοκοπία της και το κλείσιμο του εργοστασίου το 1992.

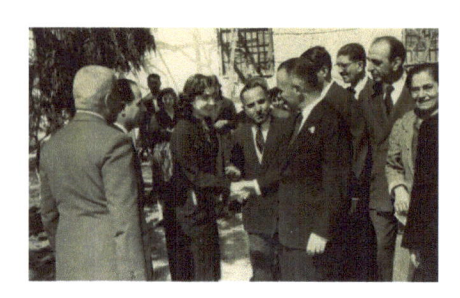

ΚΛΩΣΤΟΫΦΑΝΤΟΥΡΓΙΑ

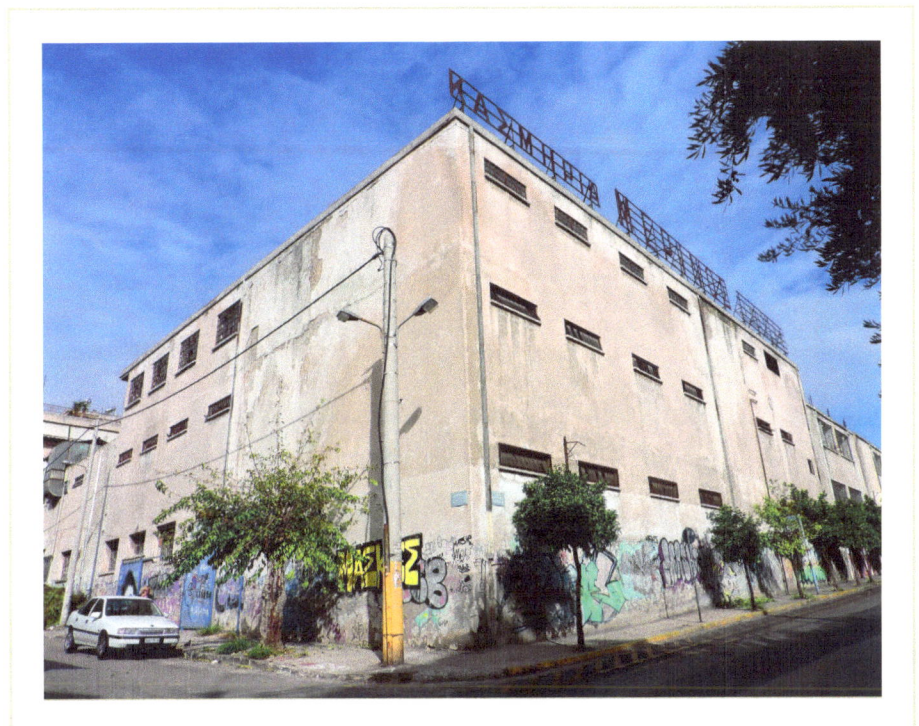

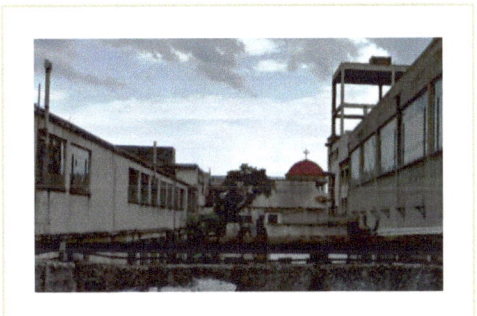

ΚΛΩΣΤΟΫΦΑΝΤΟΥΡΓΙΑ

ΚΛΩΣΤΟΫΦΑΝΤΟΥΡΓΙΑ ΓΑΒΡΙΗΛ

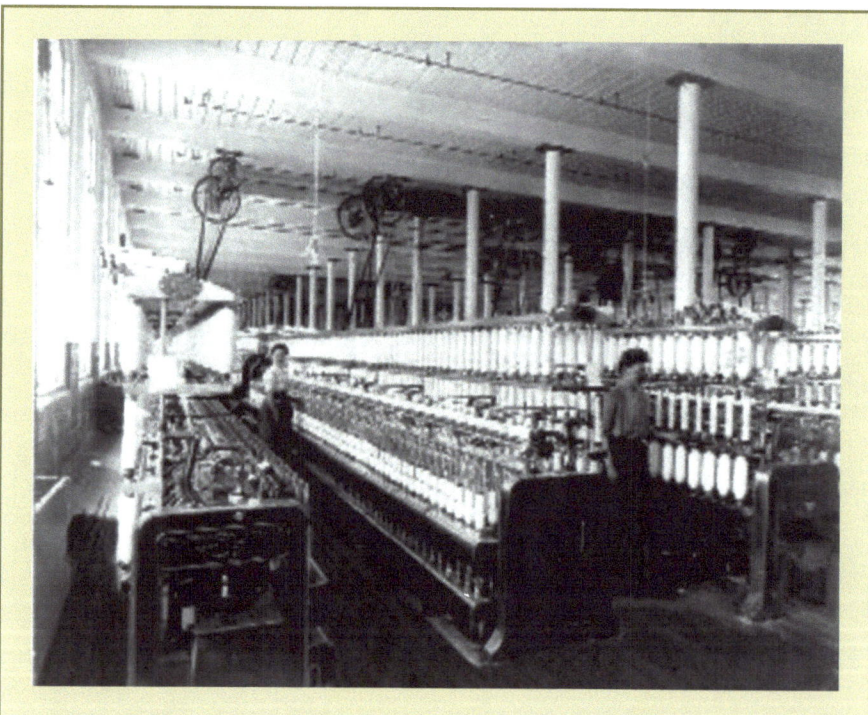

Η κλωστοϋφαντουργία Γαβριήλ ιδρύθηκε το 1930 από την οικογένεια Γαβριήλ και επιβίωσε μέχρι τα μέσα της δεκαετίας του 1990. Απο το 1982 λειτουργούσε ως κλάδος της Πειραϊκής-Πατραϊκής ΑΕ ενώ το 1986 μετετράπη σε ανεξάρτητη εταιρία με μετόχους τον ΟΑΕ(62,02%) και την Π-Π(37,98%). Η επιχείρηση διέθετε συνολικά τρία εργοστάσια, το πρώτο επί της λεωφόρου Αθηνών-Πειραιώς, το δεύτερο στο Νέο Φάληρο δίπλα στο στάδιο ''Γεώργιος Καραϊσκάκης'' και το τρίτο στη Νέα Λάμψακο Χαλκίδος. Απασχολούσε πολλούς εργαζόμενους και ήταν ιδιαίτερα περήφανη για την άρτια εκπαίδευση του.

ΚΛΩΣΤΟΫΦΑΝΤΟΥΡΓΙΑ

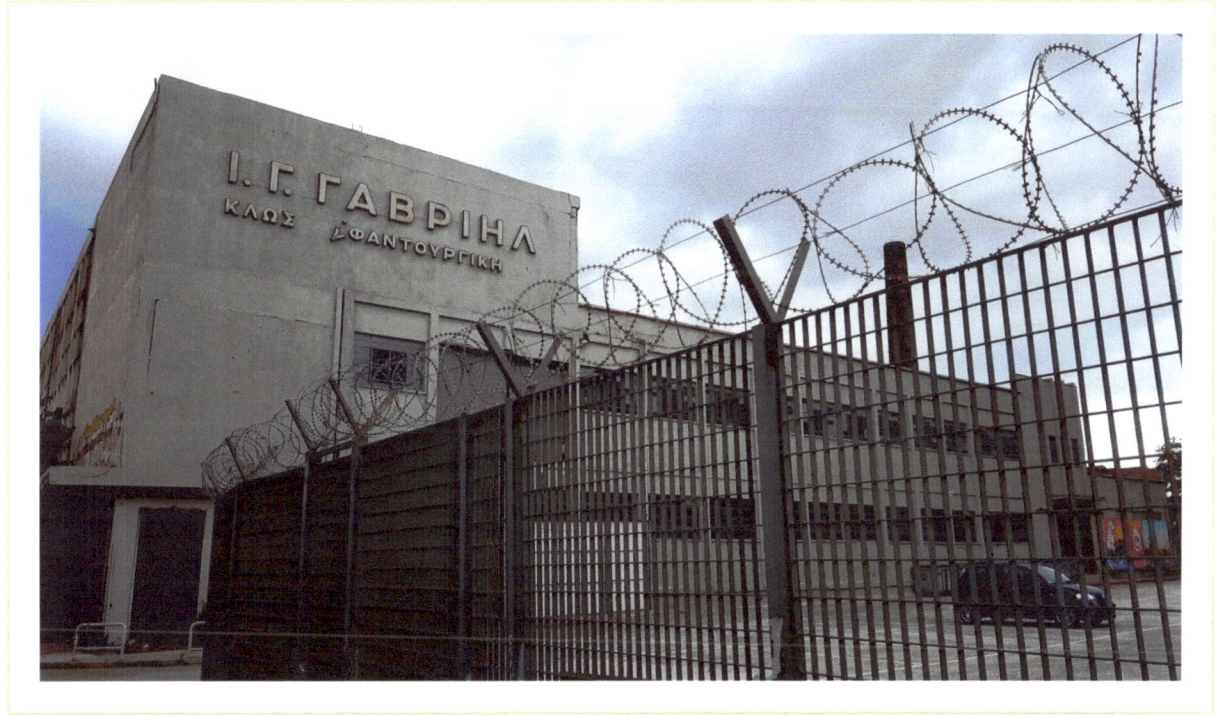

ΚΑΠΝΟΒΙΟΜΗΧΑΝΙΑ

ΓΕΝΙΚΑ ΣΤΟΙΧΕΙΑ

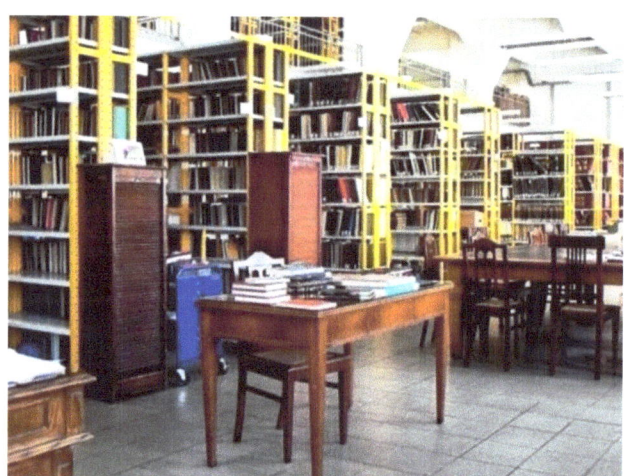

Η επεξεργασία του καπνού πέρασε από τη βιοτεχνική της φάση (τα χειροποίητα τσιγάρα στην Ελλάδα εμφανίστηκαν το 1885) στη συστηματοποιημένη παραγωγή (η βιομηχανοποίηση του τσιγάρου επιτελέσθηκε κυρίως κατά τη δεκαετία 1925-1935), γεγονός που έφερε έντονες κοινωνικές αντιδράσεις εκ μέρους των καπνεργατών (γνωστών ως τσιγαράδων), αφού η κάθε σιγαροποιητική μηχανή αντικαθιστούσε περίπου 100 εργάτες. Απαύγασμα των αντιδράσεων αυτών ήταν τα δύο Πανελλήνια Συνέδρια Καπνεργατικών Οργανώσεων, το 1919 και 1920 αντίστοιχα, όπου τέθηκαν επί τάπητος τα προβλήματα του επαγγέλματος. Χαρακτηριστική είναι επίσης η ίδρυση της "Καπνεργατικής Ομοσπονδίας Ελλάδος" (ΚΟΕ), ένα χρόνο μετά την ίδρυση της "Γενικής Συνομοσπονδίας Εργατών Ελλάδος" (ΓΣΕΕ) το 1918.

Από τους πρώτους καπνοβιομήχανους του ελληνικού χώρου αναφέρονται οι Βάρκας, Κουλουριώτης, Πυρπασόπουλος, Βάθης, Δεδούλης, Αλεξίου, Καραβασίλης, Τατάκης, Χασουράκης, Καπερνάρος και αργότερα η εταιρεία "Γιαννουκάκης-Πρωτόπαπας". Ιδιωτικά καπνεργοστάσια δεν υπήρχαν ακόμη, αλλά στις διάφορες καπνουπόλεις υπήρχαν κρατικά καπνοκοπτήρια όπου γινόταν η επεξεργασία και βιομηχανοποίηση του κομμένου καπνού, χωρίς μέριμνα για την υγεία των εργατών με αποτέλεσμα τη διάδοση της φυματίωσης ανάμεσά τους. Με την προσάρτηση της Μακεδονίας και της Δυτικής Θράκης κατά τον Πρώτο Παγκόσμιο πόλεμο, η Ελλάδα κατέλαβε προνομιακή θέση στα καπνά της Ανατολής, που ήταν τότε γνωστά ως "τούρκικα καπνά". Ενόσω διαρκούσε η επιστράτευση (από το 1915), ο Ελευθέριος Βενιζέλος κατάφερε να πείσει τις δυνάμεις της Αντάντ να επιτρέψουν στην Ελλάδα να εξάγει καπνά προς εχθρικές χώρες αλλά μόνο από ουδέτερα λιμάνια. Ο καπνός βοήθησε τα μέγιστα να αντιμετωπιστεί το έντονο δημογραφικό πρόβλημα που δημιουργήθηκε κατά την Μικρασιατική Καταστροφή το 1922.

ΧΩΡΟΤΑΞΙΑ ΚΑΙ ΠΡΟΪΟΝΤΑ

Σιγαροποιητικές μηχανές εισήχθησαν στην Ελλάδα για πρώτη φορά το 1909. Στην Αθήνα προμηθεύτηκε ο καπνοβιομήχανος Κ.Βάρκας, στον Πειραιά ο καπνοβιομήχανος Σπάθης και στον Πύργο ο καπνοβιομήχανος Β.Καραβασίλης. Ακολούθως, το 1916 ο Ανδρέας Καρέλιας αγοράζει την πρώτη του σιγαροποιητική μηχανή στην Καλαμάτα, ενώ το 1930 ο Ευάγγελος Παπαστράτος ιδρύει την πρότυπη ομώνυμη καπνοβιομηχανία του στο λιμάνι του Πειραιά. Ο Ξ. Ζολώτας αναφέρει χαρακτηριστικά ότι το 1926 λειτουργούσαν στην Ελλάδα περίπου 167 σιγαροποιητικές μηχανές και 13 ανώνυμες εταιρείες.

ΠΑΡΑΓΩΓΗ ΚΑΙ ΑΠΑΣΧΟΛΗΣΗ

Για πολλούς η περίοδος του Μεσοπολέμου θεωρείται η "χρυσή εποχή" της ελληνικής καπνοβιομηχανίας. Ο καπνός αποτελεί ένα από τα κυριότερα εξαγωγικά αγαθά της χώρας και η ετήσια παραγωγή του φθάνει τις 30.000-40.000 τόνους, από την οποία μόνο το ένα έκτο απορροφάται από την εγχώρια καπνοβιομηχανία. Άλλοι σημαντικοί εξαγωγικοί προορισμοί υπήρξαν η Ολλανδία και η Αίγυπτος. Με την ίδρυση της καπνοβιομηχανίας

ΚΑΠΝΟΒΙΟΜΗΧΑΝΙΑ

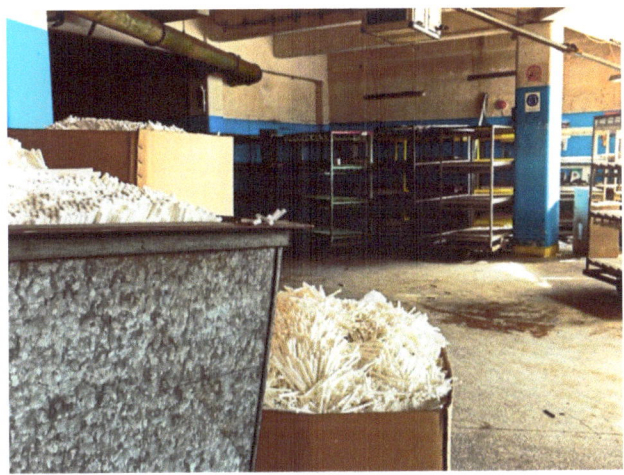

Παπαστράτου το 1930 (και μετέπειτα της καπνοβιομηχανίας Έθνος- Γ.Α. Κεράνης Α.Ε. το 1935), έκαναν την εμφάνιση τους οι πρώτες καλαίσθητες συσκευασίες τσιγάρων στον ελληνικό χώρο- το πρώτο μάρκετινγκ ελληνικών τσιγάρων- κάτι που προήγαγε τον εσωτερικό ανταγωνισμό. Χάρη σε αυτό αυξήθηκε η κατανάλωση και καλυτέρευσαν οι τιμές του καπνού. Το κράτος επωφελήθηκε διπλά μέσω της φορολόγησης. Η εκβιομηχάνιση ωστόσο της καπνοπαραγωγής, επήλθε με αργά βήματα, λόγω της κρατικής δυσλειτουργίας. Η εταιρεία Παπαστράτος χρειάστηκε να περιμένει 25 χρόνια την κρατική απόφαση να χρησιμοποιήσει τις πρώτες ταινιαριστικές μηχανές που είχε αγοράσει το 1931, με την πρόφαση πως η μηχανική επικόλληση της φορολογικής ταινίας πάνω στα πακέτα δεν ήταν τόσο ασφαλής όσο με το χέρι.

Η Γερμανία αποτελούσε τον κύριο εισαγωγέα του ελληνικού καπνού, απορροφώντας μεγάλες ποσότητες ήδη από το 1920.

Τον Αύγουστο του 1936 ασχολούνται με την καπνοκαλλιέργεια 750.000 άτομα ενώ στην επεξεργασία των καπνών απασχολούνται 35.000 εργάτες και εργάτριες. Αν σε όλα αυτά προστεθεί και όλο το υπαλληλικό προσωπικό των εταιρειών, οι μεταφορείς και οι ενοικιαστές των καπναποθηκών ο αριθμός φθάνει το 1.000.000, δηλαδή το ένα έκτο του ελληνικού πληθυσμού τότε. Τα χρήματα που κερδίζει η χώρα από τις εξαγωγές καπνού αντιστοιχούν στο 40-45% των εξαγωγικών κερδών όλων των γεωργικών και βιομηχανικών προϊόντων, από τη φορολόγηση εισπράττεται το ένα πέμπτο των συνολικών φορολογικών εσόδων ενώ ο αριθμός των καπνοβιομηχανιών φθάνει τις 150.

Μετά το τέλος του Δευτέρου Παγκοσμίου Πολέμου το 1944 και του Εμφυλίου το 1949, άρχισαν πάλι οι ελληνικές εξαγωγές τσιγάρων με σχετική επιτυχία παρά τους τελωνειακούς δασμούς. Οι ελληνικές καπνοβιομηχανίες ανέρχονταν τότε σε 50. Παρ' όλα αυτά γρήγορα ανέτειλε ο σκληρός ανταγωνισμός τους με τα αμερικάνικα καπνά τα οποία έμελλε να διεισδύσουν στην αγορά της Δυτικής Γερμανίας, λόγω της οικονομικής της ένδειας μετά τον πόλεμο και προφανώς της παύσης εισαγωγής ανατολικού καπνού. Αυτό είχε ως συνέπεια τη σταδιακή μεταστροφή των καταναλωτικών προτιμήσεων του αγοραστικού κοινού όχι μόνο της Γερμανίας αλλά και της υπόλοιπης Κεντρικής Ευρώπης. Ως αποτέλεσμα το ποσοστό των ελληνικών καπνών στη γερμανική αγορά έπεσε στο 4-5% το 1964.Το 1950, τρία χρόνια μετά την πρώτη κρατική επιδότηση για τη βελτίωση της ποιότητας και της ανταγωνιστικότητας της ελληνικής καπνοβιομηχανίας, η Ελλάδα υπέγραψε με τη Γερμανία μια συμφωνία σχετικά με τον καπνό, τη λεγόμενη Tabakabkommen που αποσκοπούσε στη σύσφιξη των ελληνογερμανικών διμερών σχέσεων και στην επαναπροώθηση του ελληνικού τσιγάρου στις αγορές της Δυτικής Γερμανίας.

Αν και η καλλιεργούμενη έκταση με καπνό αντιστοιχούσε μόνο στο 5% της συνολικής, απασχολούσε 200.000 οικογένειες καπνοπαραγωγών, 40.000 καπνεργάτες και 10.000 καπνέμπορους. Επίσης ο καπνός συνέχιζε να είναι το πρώτο εξαγώγιμο προϊόν της χώρας. Το 1954 οι εξαγωγές έφτασαν τα 151 εκατομμύρια δολάρια, οι μισές από τις οποίες αναφέρονταν στον καπνό. Οι υψηλές απαιτήσεις της καπνοκαλλιέργειας σε εργασία προσέφεραν απασχόληση σε πολλές γεωργικές οικογένειες, αφού σχεδόν τα 2/3 του κόστους παραγωγής του καπνού ήταν κόστος ημερομισθίων. Η αποδοτικότητα των ίδιων κεφαλαίων είναι συνέχεια από το 1973 έως το 1977 χαμηλότερη του μέσου όρου του συνόλου των κλάδων. Επίσης οι εξαγωγές του καπνοπαραγωγικού κλάδου για το 1975 καταλαμβάνουν πια μόλις το 0,1% των συνολικών εξαγωγών. Αυτό υποδεικνύει ότι πλέον η ελληνική καπνοβιομηχανία δεν ήταν εξαγωγική όπως ήταν μέχρι πριν το 1960.

ΠΗΓΕΣ

http://www.istorikathemata.com/2011/03/blog-post_20.html
http://okeanis.lib.puas.gr/xmlui/bitstream/handle/123456789/2518/log2014_00004.pdf?sequence=1

ΚΑΠΝΟΒΙΟΜΗΧΑΝΙΑ

ΠΑΠΑΣΤΡΑΤΟΣ

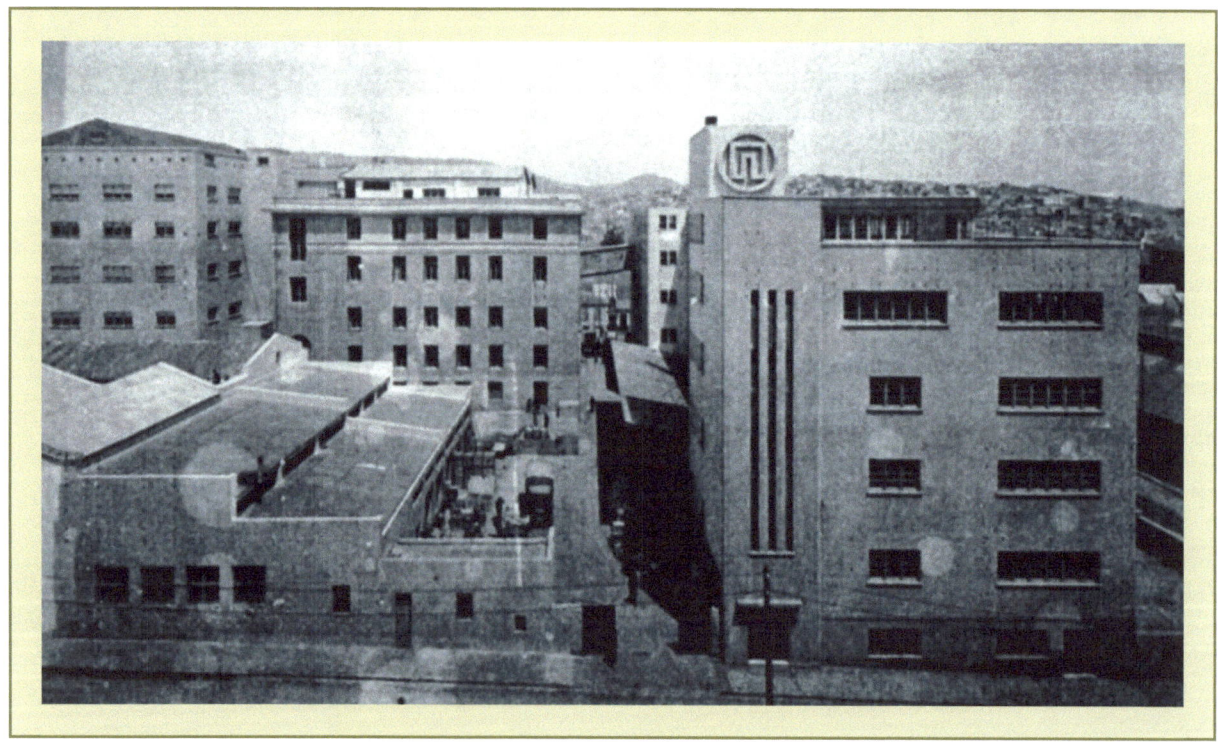

ΚΑΠΝΟΒΙΟΜΗΧΑΝΙΑ

Η εργασία στον Παπαστράτο ήταν «προνόμιο». Προπολεμικά έφθασε να απασχολεί (άμεσα και έμμεσα- καπνοκαλλιεργητές) 100.000 άτομα, αριθμό ρεκόρ, αν αναλογιστεί κανείς πως στην καπνοβιομηχανία της εποχής απασχολούνταν τότε 1 εκατομμύριο άτομα – το 1/6 του τότε συνολικού πληθυσμού.

Ακολουθώντας τις μόδες των καιρών, κυκλοφορεί το 1957, το πρώτο του τσιγάρο με φίλτρο, με ιδιαίτερα υψηλές πωλήσεις. Η δεκαετία κλείνει με κέρδη και 2.500 υπαλλήλους ενώ η αμέσως επόμενη ξεκινά με μια επικερδή συμφωνία με την Ιταλία για την εκεί παραγωγή του Άσσου, με έτοιμα χαρμάνια από την Ελλάδα. Ωστόσο, δεν παραλείπει να ρίξει στην αγορά και το «βαρύ πυροβολικό» του: Επανακυκλοφορεί στην αγορά το θρυλικό «Old Navy» ενώ το 1966 θα αρχίσει να παράγει και το «Astor» για λογαριασμό της γερμανικής Reemtsma.

Ο Παπαστράτος δεν έκλεισε. Ελέγχεται πια, από το 2003, από την Philip Morris και αποτελεί και επίσημα τη δεύτερη μονάδα παγκοσμίως αποκλειστικής παραγωγής ράβδων καπνού, για το νέο καινοτόμο καπνικό προϊόν της Philip Morris International (PMI), το IQOS. Ο συνολικός αριθμός των εργαζομένων ανέρχεται σε 1.200. Σημαντικός αλλά πολύ συρρικνωμένος σε σχέση με τις εποχές της μεγάλης ακμής της εμβληματικής βιομηχανίας πριν και μετά τον πόλεμο.

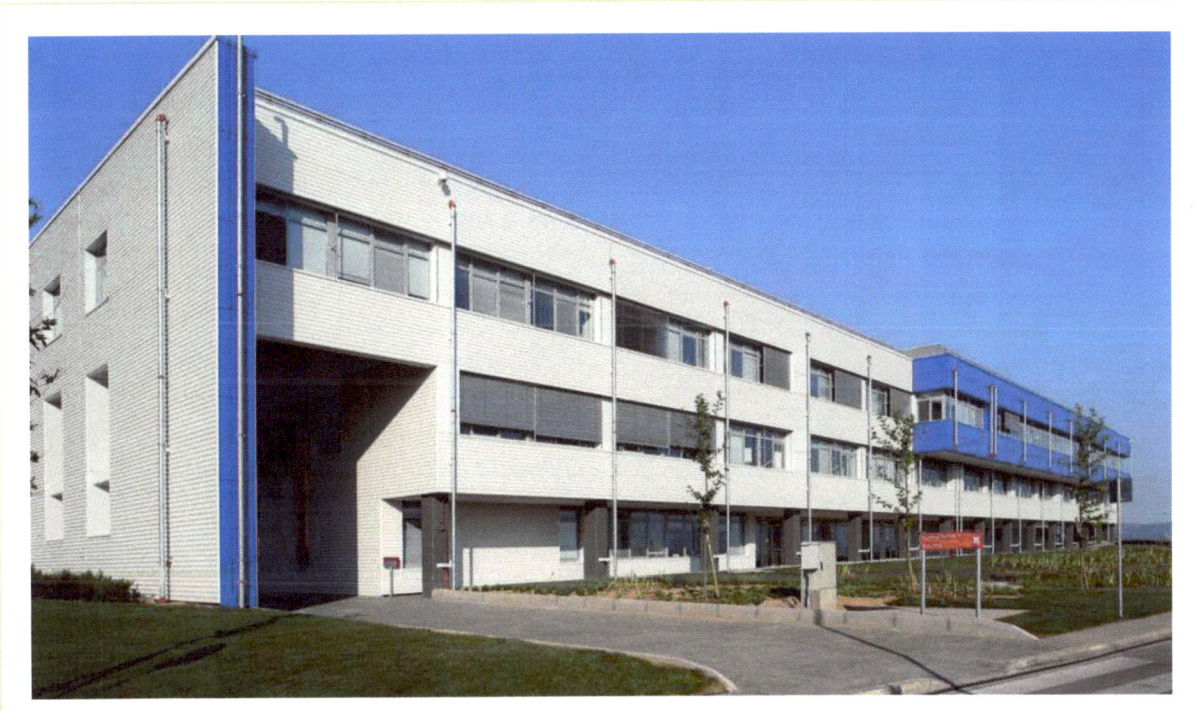

ΚΕΡΑΝΗΣ

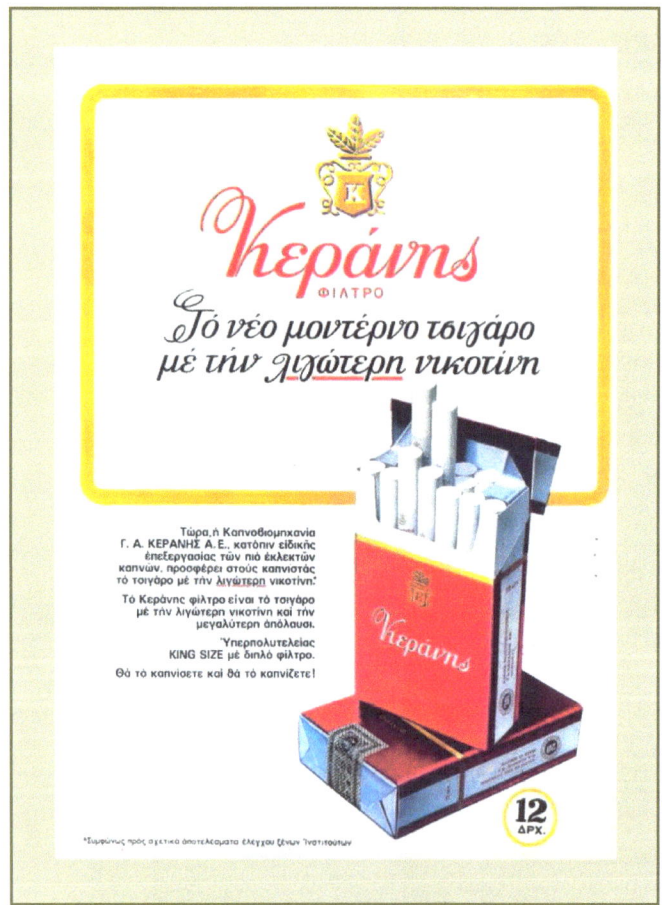

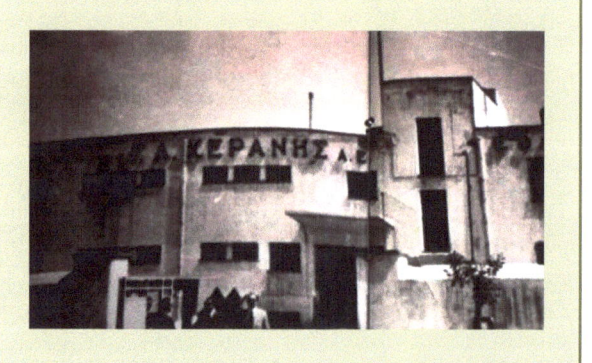

ΚΑΠΝΟΒΙΟΜΗΧΑΝΙΑ

Η Καπνοβιομηχανία «Κεράνης» ήταν μια από τις πρώτες Ελληνικές καπνοβιομηχανίες και έδρευε στον Πειραιά, στην οδό Αθηνών. Ιδρύθηκε το 1926 από τον Γεώργιο Α. Κεράνη και τον Σοφοκλή Φλέγκα. Αργότερα (1939) εισάγεται στο Χρηματιστήριο Αξιών Αθηνών. Γνωστές μάρκες τσιγάρων Κεράνης ήταν τα «Παλλάς» το «Έθνος» και το «Άρωμα». Αργότερα η καπνοβιομηχανία αποφασίζει να δραστηριοποιηθεί και στα διεθνή σήματα υπογράφοντας συμβόλαιο για την παραγωγή του «KENT» στην Ελλάδα και στη συνέχεια του «PALL MALL». Στις εποχές ακμής είχαν φτάσει να εργάζονται στην εταιρεία περίπου 2.500 υπάλληλοι. Μετατράπηκε αργότερα σε συμμετοχική εταιρεία και άρχισε δραστηριότητες στο εμπόριο ποτών, τροφίμων, ενώ είχε εξαγοράσει και τις ιχθυοκαλλιέργειες «Γαλαξίδι». Το 1998 η εταιρεία «Κεράνης Συμμετοχών Α.Ε.Β.Ε.» πωλήθηκε, τέθηκε υπό καθεστώς πτώχευσης και έκλεισε οριστικά το 2006.

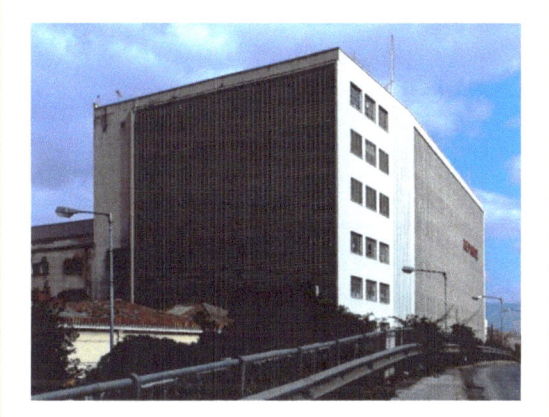

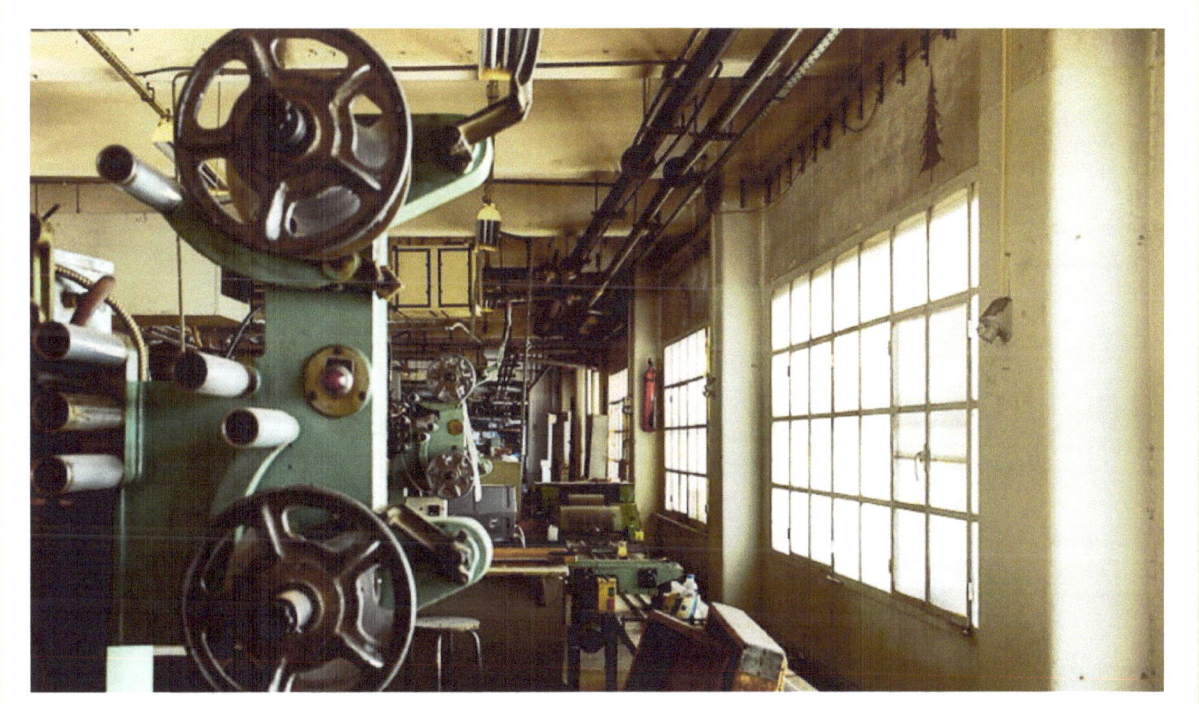

ΚΑΠΝΟΒΙΟΜΗΧΑΝΙΑ

ΚΑΠΝΕΡΓΟΣΤΑΣΙΟ ΑΘΗΝΩΝ

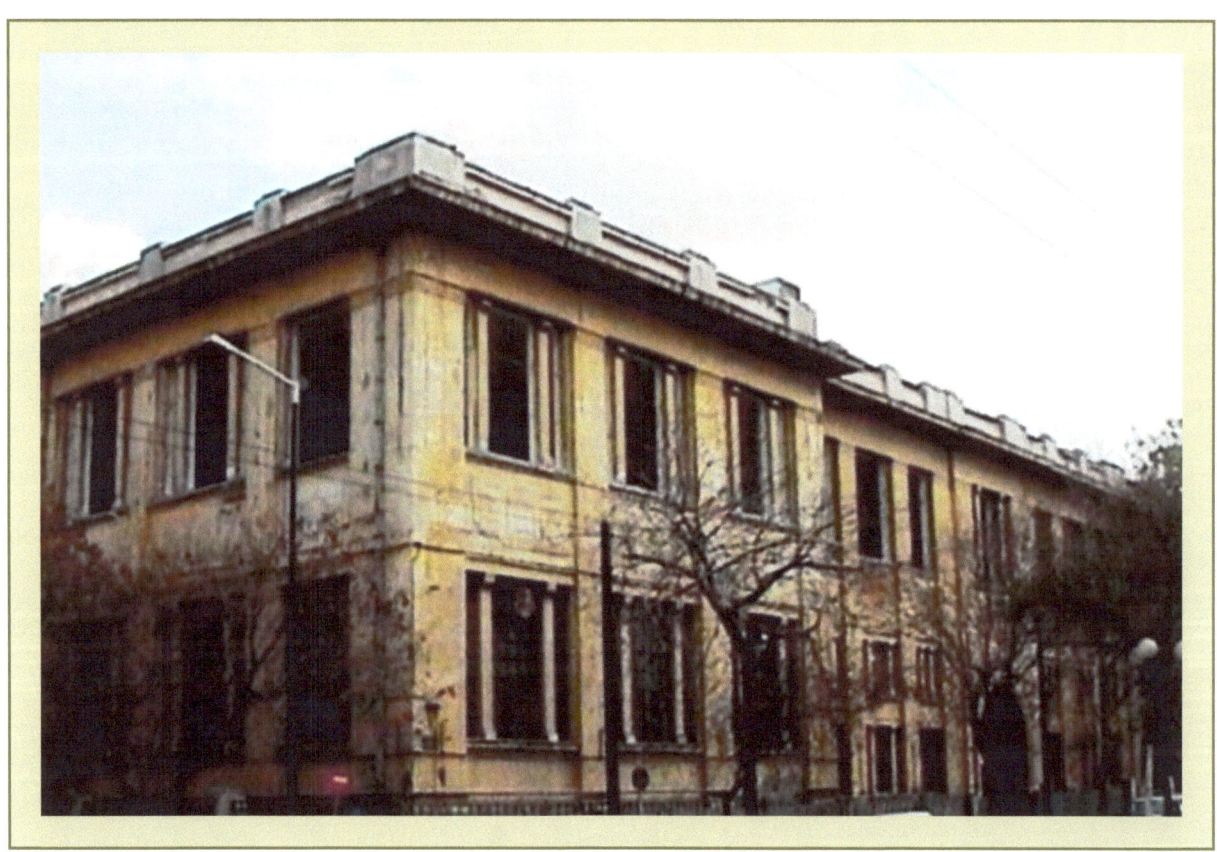

ΚΑΠΝΟΒΙΟΜΗΧΑΝΙΑ

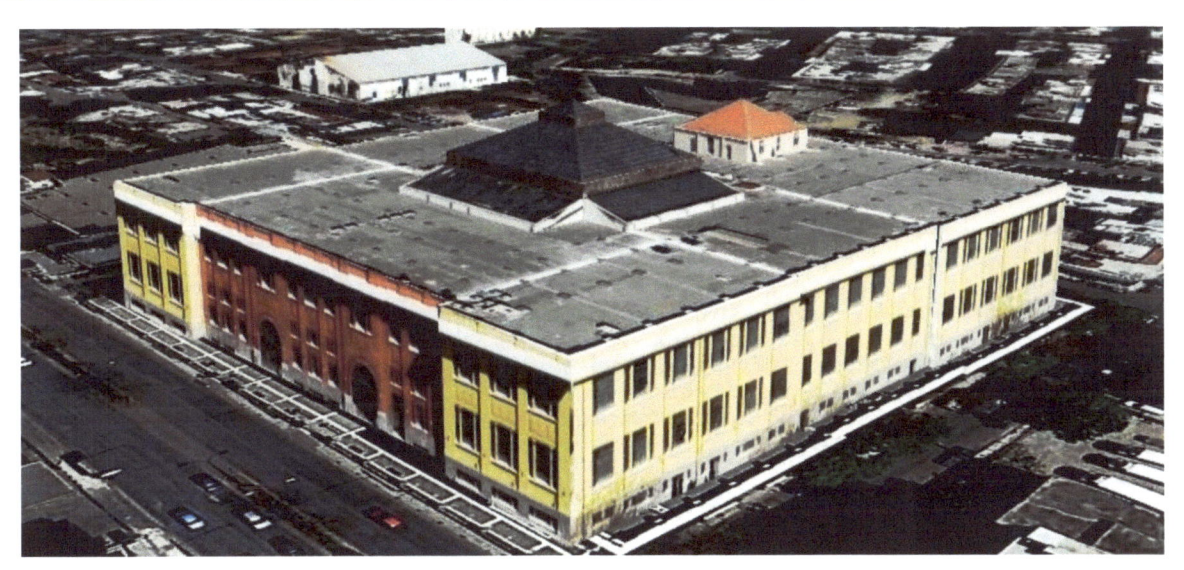

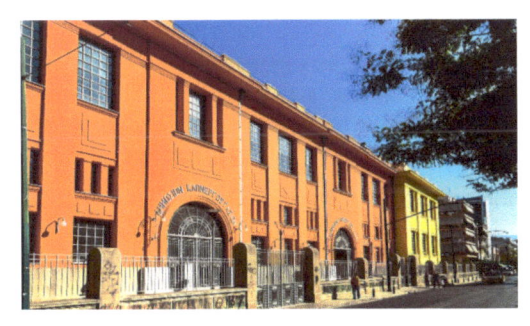

Το Δημόσιο Καπνεργοστάσιο που καταλαμβάνει ολόκληρο το οικοδομικό τετράγωνο μεταξύ των οδών Λένορμαν, Αμφιάρου, Λεάνδρου και Κρέοντος, οικοδομήθηκε το 1927. Πρόκειται για ένα αξιόλογο δείγμα βιομηχανικής αρχιτεκτονικής της εποχής του, με εντυπωσιακή σχεδίαση και άφθονους χώρους οι οποίοι στάθηκαν ικανοί να φιλοξενήσουν, κατά τη διάρκεια του 20ού αιώνα, 25 συνολικά καπνοβιομηχανίες. Το 1989, το καπνεργοστάσιο μαζί με τον μηχανολογικό του εξοπλισμό, χαρακτηρίστηκε ιστορικό διατηρητέο μνημείο, με απόφαση του Υπουργείου Πολιτισμού. Επακολούθησε μια σταδιακή ανακαίνιση του κτιρίου που αποσκοπούσε στην εγκατάσταση μέρους της Βιβλιοθήκης της Βουλής, αλλά και στη δημιουργία ενός Μουσείου Καπνού, με την αξιοποίηση και του υπάρχοντος μηχανολογικού εξοπλισμού.

ΒΙΟΜΗΧΑΝΙΚΕΣ ΕΦΑΡΜΟΓΕΣ ΑΥΤΟΚΙΝΗΣΗΣ

ΓΕΝΙΚΑ ΣΤΟΙΧΕΙΑ

Μπορεί η ελληνική αυτοκινητοβιομηχανία να μην έφτασε ποτέ ούτε καν στα κατώτερα ποιοτικά πρότυπα της Ευρώπης και της Αμερικής, αλλά τουλάχιστον προσπαθούσε. Μέσω κάποιων ρομαντικών επιχειρηματιών που αντιστέκονταν στην ομοιομορφία και στη μαζική παραγωγή των ξένων κολοσσών και που όραμά τους ήταν να βάλουν ένα "λιθαράκι" στο να χτιστεί μια αυτόνομη αυτοκινητοβιομηχανία που κάποια στιγμή θα μπορούσε να συμπεριλαμβάνεται στο ίδιο τραπέζι με τις ξένες μεγάλες αυτοκινητοβιομηχανίες. Ο Νικόλαος Θεολόγου ήταν ο πρώτος Έλληνας που σχεδίασε και κατασκεύασε επιβατικό αυτοκίνητο. Επιστρέφοντας από την Αμερική, όπου εργαζόταν ως μηχανικός αυτοκινήτων, ίδρυσε το 1916 την ομώνυμη εταιρεία.

ΕΜΒΛΗΜΑΤΙΚΕΣ ΒΙΟΜΗΧΑΝΙΕΣ

ATTICA: Με φιλόδοξα σχέδια ξεκίνησε η ATTICA την διαδρομή της στους τέσσερις τροχούς, αλλά οι προσπάθειές της δεν στέφθηκαν με επιτυχία. Η εταιρεία που δημιουργήθηκε από την ΒΙΟΠΛΑΣΤΙΚ του Γιώργου Δημητριάδη σχεδίασε το 1958 το μοντέλο «505», ο φόρος όμως, για τα τετράτροχα αυτοκίνητα μπλόκαρε την παραγωγή του. Πέντε χρόνια αργότερα επανήλθε με την παραγωγή του «200», το οποίο βασιζόταν στο γερμανικό Fundamobil, ενώ οι διάφορες εκδόσεις έφεραν κινητήρες των ILO, Sachs και Heinkel. Ωστόσο ο μετέπειτα σχεδιασμός για την κατασκευή τετράτροχων όπως το ελληνικό DIM με κινητήρα Fiat απέτυχε.

ALTA: Οι τίτλοι τέλους για το εργοστάσιο της ALTA στην Ελευσίνα έπεσαν το 1978, αφού φάνηκε πως δεν μπορούσε να επιβιώσει μέσα σε έναν διαρκώς αυξανόμενο ανταγωνισμό. Το 1968 παρουσίασε το τρίκυκλο επιβατικό αυτοκίνητο το Α200, με αμάξωμα δικής της σχεδίασης, αλλά με πλαίσιο της γερμανικής Fundamobil, όπως και η ATTICA. Ταυτόχρονα η ALTA κατασκεύαζε και τρίκυκλα ελαφρά φορτηγά και μοτοποδήλατα. Η παραγωγή συνεχίστηκε μέχρι το 1974.

ΕΜΠΟΡΙΚΗ ΑΥΤΟΚΙΝΗΤΩΝ: Ήταν μια μεγάλη εταιρεία με μοντέρνο εργοστάσιο βόρεια της Αθήνας. Μετά από συμφωνίες με ξένες εταιρείες, αγόρασε την άδεια συναρμολόγησης αυτοκινήτων εδώ, με μεγάλη προστιθέμενη αξία. Κατασκευάσθηκε μεγάλος αριθμός από MAZDA 323, OPEL CADETT D και ALFASUD (το πρώτο προσθιοκίνητο ALFA ROMEO). Κατασκευάσθηκε επίσης μεγάλος αριθμός από φορτηγάκια MAZDA B 1600 μερικά από τα οποία κυκλοφόρησαν με το σήμα GREZDA (GReecce και MAZDA). Η εταιρεία αντιμετώπισε σειρά εργασιακών προβλημάτων (απεργίες κ.λπ.) το 1980. Το 1985 αναγκάσθηκε να σταματήσει τις εργασίες της. Κάτι το ιδιαίτερα λυπηρό αφού ειδικά στις αρχές του '80 πολλές ξένες αυτοκινητοβιομηχανίες ζήταγαν συνεργασία με Ελληνικές Βιομηχανίες. Το άδικο με την συγκεκριμένη εταιρεία ήταν ότι αναγκάστηκε να κλείσει, όταν ήταν στα πρόθυρα συμφωνίας με την Hyundai, για δημιουργία γραμμής παραγωγής (της μοναδικής στην Ευρώπη) των Κορεάτικων αυτοκινήτων.

ΠΗΓΕΣ

http://news247.gr/eidiseis/afieromata/h-pikrh-istoria-ths-ellhnikhs-viomhxanias-aytokinhtwn.1579167.html

https://www.caroto.gr/2011/12/29/history-of-greek-automotive-industry/

ΖΑΧΑΡΟΠΟΥΛΟΣ Α.Β.Ε.Ε.
BALKANIA

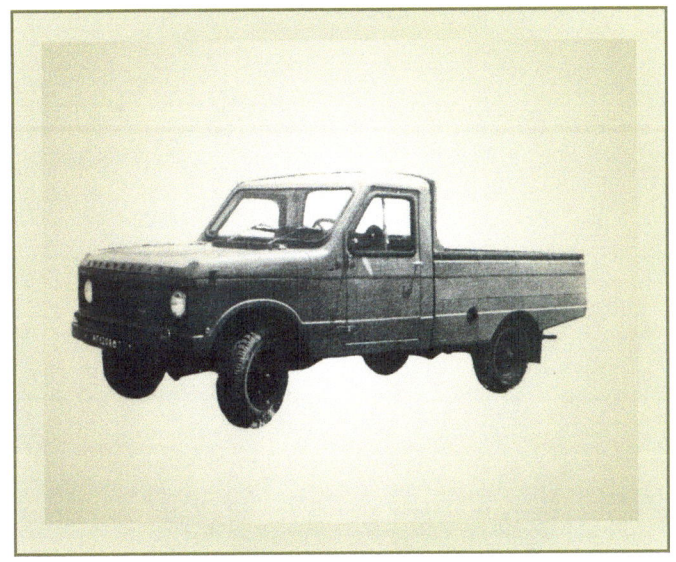

BALKANIA: ήταν το σήμα που χρησιμοποιούσε ο Ζαχαρόπουλος που κατασκεύαζε στην Αθήνα ελαφρά 4x4 φορτηγά και 4x4 τύπου τζιπ. Το 1975 η εταιρεία συναρμολογεί και παρουσιάζει στην Ελληνική αγορά ένα ελαφρού τύπου τζιπ με το όνομα AUTOTRACTOR. Το εργοστάσιο εκμοντερνίζεται το 1985 και αποκτά νέα πλέον ονομασία «MAHINDRA HELLAS A.E.» Η ονομασία AUTOTRACTOR εγκαταλείπεται και τα αυτοκίνητα πωλούνται με το όνομα MAHINDRA (αν και με πολλές διαφοροποιήσεις απο τα πρωτογενή Ινδικά). Με την φοροεισπρακτική αλλαγή της νομοθεσίας το 1985 η παραγωγή γονατίζει και στην ουσία όλη η παραγωγή πάει στο εξωτερικό. Η εταιρεία σταματά τις εργασίες της και κλείνει το 1995.

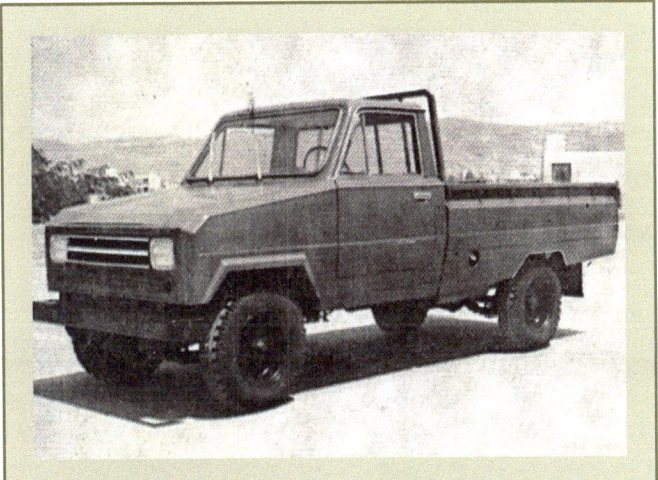

ΒΙΟΜΗΧΑΝΙΚΕΣ ΕΦΑΡΜΟΓΕΣ ΑΥΤΟΚΙΝΗΣΗΣ

Ν. ΘΕΟΛΟΓΟΥ

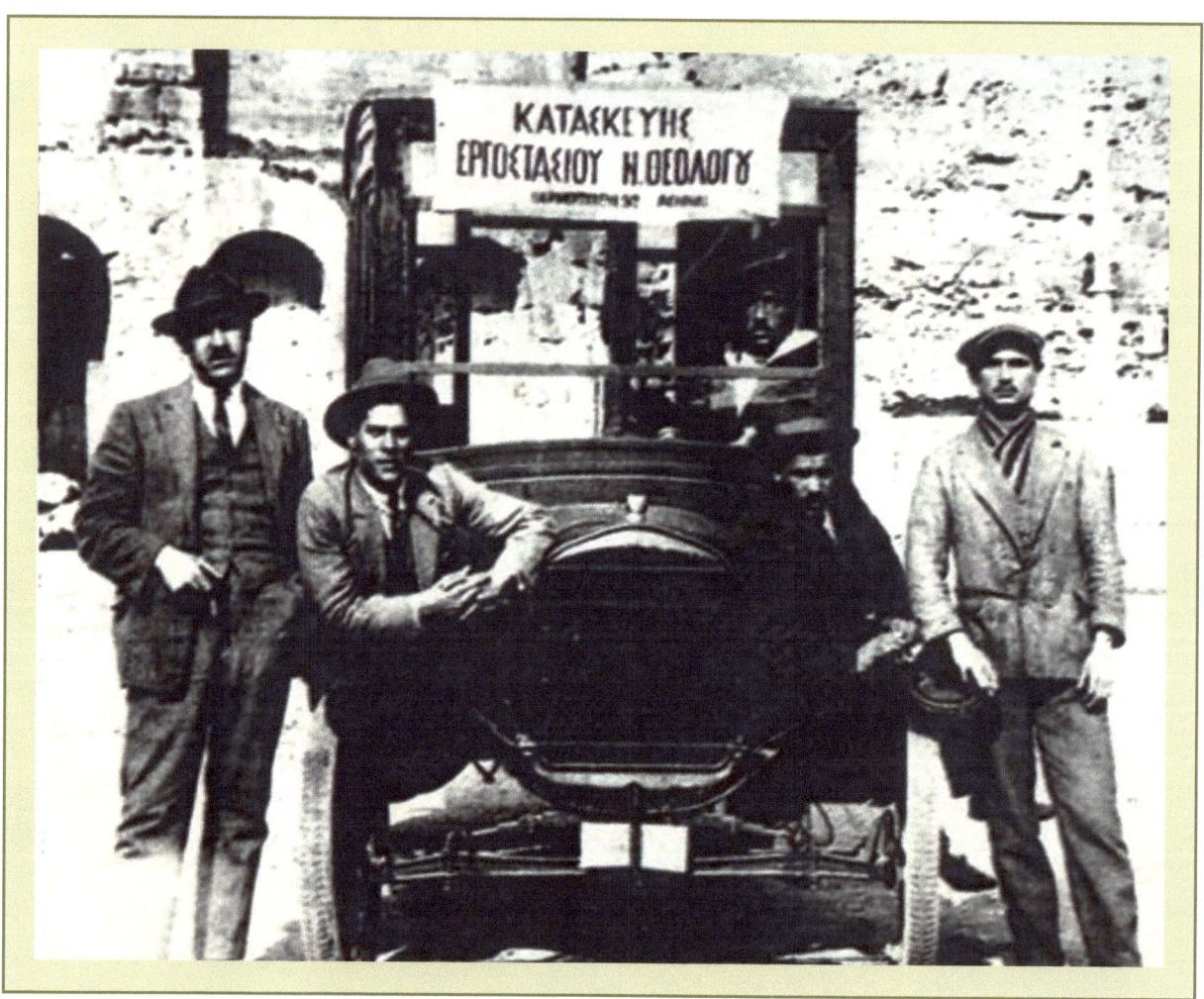

ΒΙΟΜΗΧΑΝΙΚΕΣ ΕΦΑΡΜΟΓΕΣ ΑΥΤΟΚΙΝΗΣΗΣ

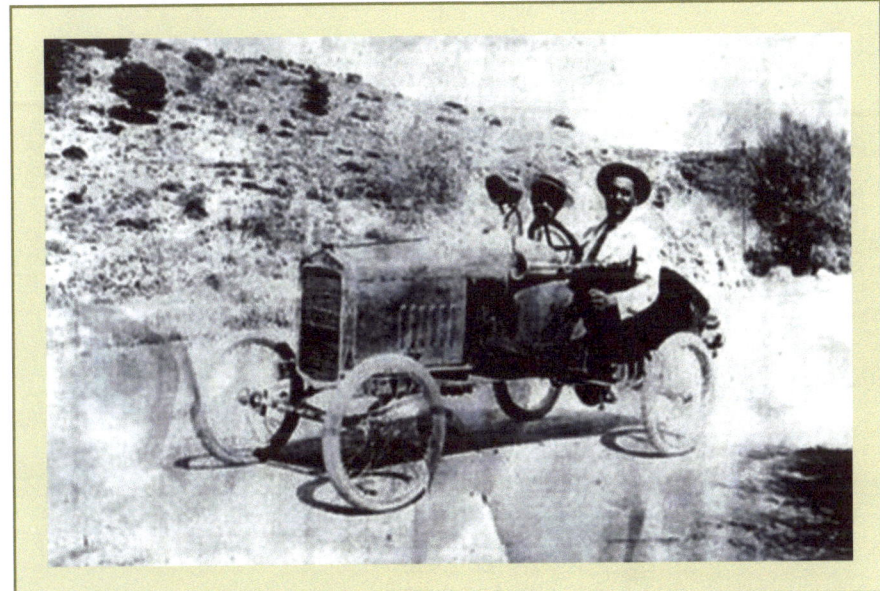

Η εταιρεία ιδρύθηκε από τον Νίκο Θεολόγου, Έλληνα μηχανικό αυτοκινήτων ο οποίος εργάσθηκε για λίγα χρόνια στις ΗΠΑ, και επέτρεψε στην Ελλάδα το 1914. Μεταξύ 1916 και 1918 σχεδίασε και κατασκεύασε ένα μικρό επιβατικό αυτοκίνητο με μηχανή μοτοσικλέτας, ενώ από το 1920 η εταιρία ασχολήθηκε με την κατασκευή αμαξωμάτων λεωφορείων και φορτηγών. Η παραγωγή σταμάτησε στα τέλη της ίδιας δεκαετίας λόγω του ισχυρού ανταγωνισμού.

ΒΙΟΜΗΧΑΝΙΚΕΣ ΕΦΑΡΜΟΓΕΣ ΑΥΤΟΚΙΝΗΣΗΣ

AUTOMECCANICA A.E.B.E.

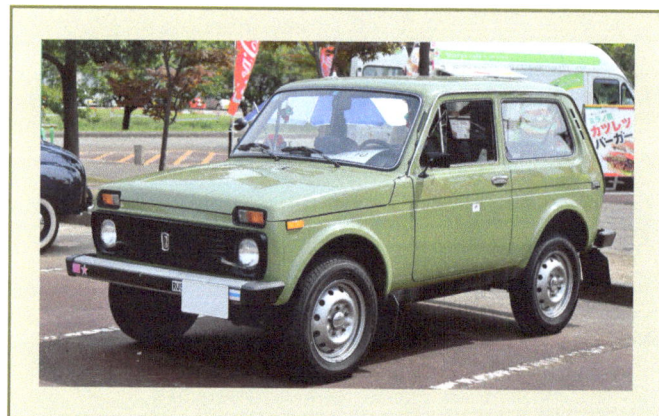

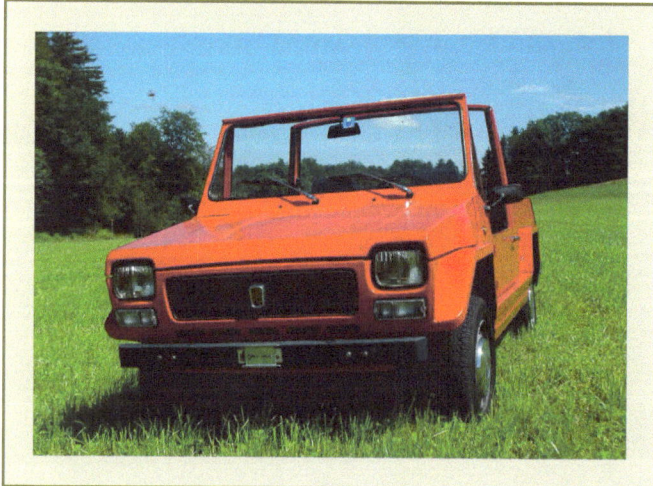

Η AUTOMECCANICA ιδρύθηκε στα τέλη της δεκαετίας του '80 (από πρώην στελέχη της Αυτοκινητοβιομηχανίας της Ελλάδος που μόλις είχε κλείσει). Οι πρώτες παραγωγές ήταν η κατασκευή των FIAT SCOUT και AMICO που αποτελούσαν παραλλαγές βασισμένες στα FIAT 127. Από το 1981 έως το 1985 κατασκευαζόταν πλήρως στην Ελλάδα το ZEBRA βασισμένο στο DAIHATSU CHARADE, όπως και το ίδιο το DAIHATSU CHARADE, που το τελευταίο διάστημα έφερε μόνο το σήμα ZEBRA. Από το 1985 κατασκεύασε και το LADA NIVA. Το εργοστάσιο έκλεισε το 1995.

M A V A

Η MAVA αρχικά ήταν η ελληνική εταιρεία εισαγωγής των αυτοκινήτων RENAULT. Το 1979 αποφασίζει τη σχεδίαση και κατασκευή ενός αυτοκινήτου. Τη σχεδίαση αναλαμβάνει ο Έλληνας βιομηχανικός σχεδιαστής αυτοκινήτων Γιώργος Μιχαήλ. Πάνω σε μηχανικά μέρη από RENAULT σχεδιάζει και κατασκευάζει το πρότυπο ενός ελαφρού πολλαπλών χρήσεων οχήματος που ονομάζεται "FARMA". Μετά από αίτηση της MAVA το αυτοκίνητο στέλνεται στην RENAULT στην Γαλλία όπου μετά από εξονυχιστικούς ελέγχους και δοκιμές παίρνει έγκριση τύπου και μάλιστα με το όνομα της RENAULT. Το 1984 σχεδιάζεται ο διάδοχός το FARMA S με αυξημένες εκτός δρόμου δυνατότητες που το είχαν ονομάσει «το Ελληνικό Τζίπ». Την ίδια εποχή όμως αυξάνεται πολύ η φορολογία, η παραγωγή κρίνεται αντιοικονομική και σταματά και μετά από λίγο κλείνει και το εργοστάσιο.

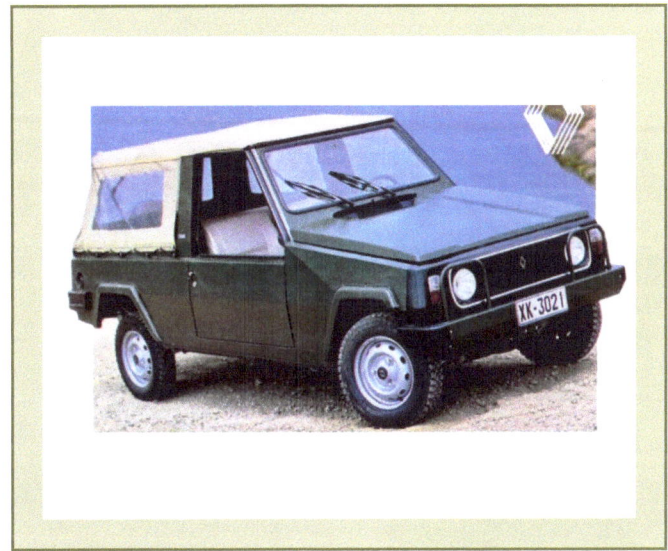

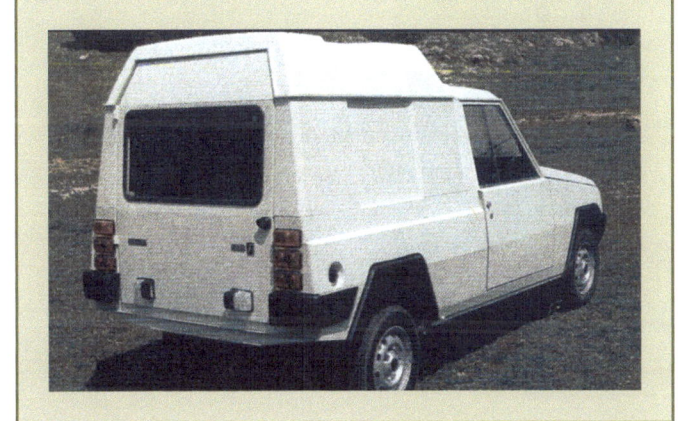

ΒΙΟΜΗΧΑΝΙΚΕΣ ΕΦΑΡΜΟΓΕΣ ΑΥΤΟΚΙΝΗΣΗΣ

ALTA

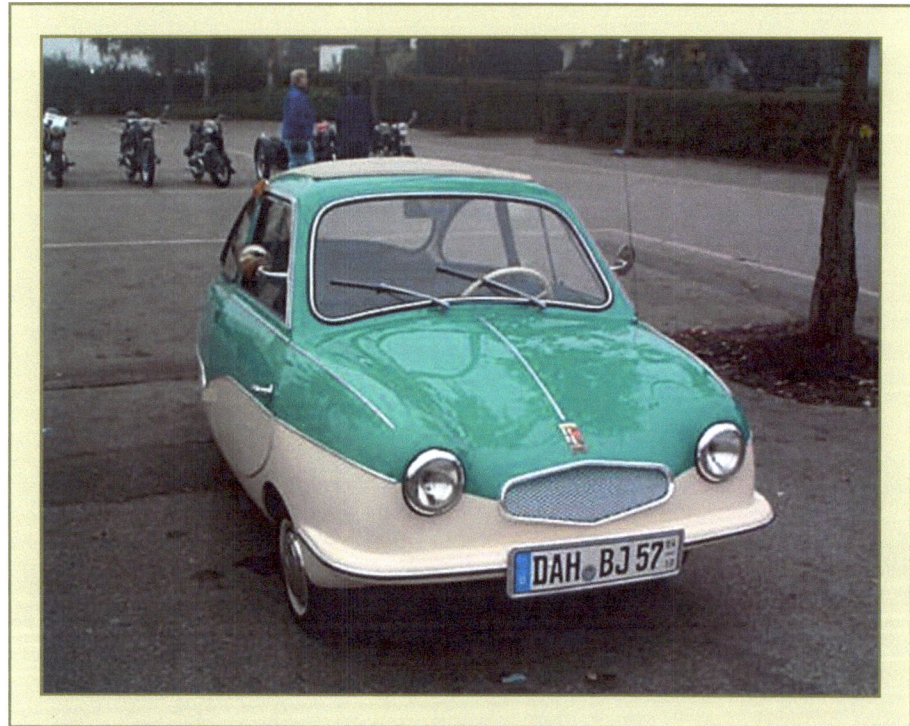

Εταιρεία κατασκευής / συναρμολόγησης μοτοποδηλάτων στην Αθήνα από το 1962. Κατασκεύαζε τα δίκυκλα μοτοποδήλατα ALTA 50 S (50cc), τα τρίκυκλα φορτηγάκια με δίχρονο μοτέρ SACHS 50 cc, τα τρίκυκλα φορτηγά ALTA 700 truck, με τετράχρονο μοτέρ BMW 700 cc,3 5HP και δυνατότητας φορτίου 800Kgs. Ήταν τέτοια η επιτυχία που το 1967 αγοράζει ιδιόκτητο χώρο στην Ελευσίνα, όπου και κατασκευάζει ένα μοντέρνο εργοστάσιο (το κτίριο εξακολουθεί να υπάρχει ερειπωμένο ακόμα και σήμερα στην συμβολή της Νέας Εθνικής Αθηνών – Κορίνθου και της Παλαιάς Εθνικής Ελευσίνας – Θήβας). Αγοράζει και αυτή την άδεια κατασκευής του FULDAMOBIL. Τα καλούπια αλλάζουν και εμφανίζεται στην αγορά το ALTA 200. «Αδελφάκι» με το Attica, αλλά με κατά πολύ πιο μοντέρνα εμφάνιση και μικρές μηχανολογικές διαφοροποιήσεις,το οποίο πάει εμπορικά αρκετά καλά. Η εταιρεία σταμάτησε να λειτουργεί το 1978.

ΒΙΟΜΗΧΑΝΙΚΕΣ ΕΦΑΡΜΟΓΕΣ ΑΥΤΟΚΙΝΗΣΗΣ

MEBEA

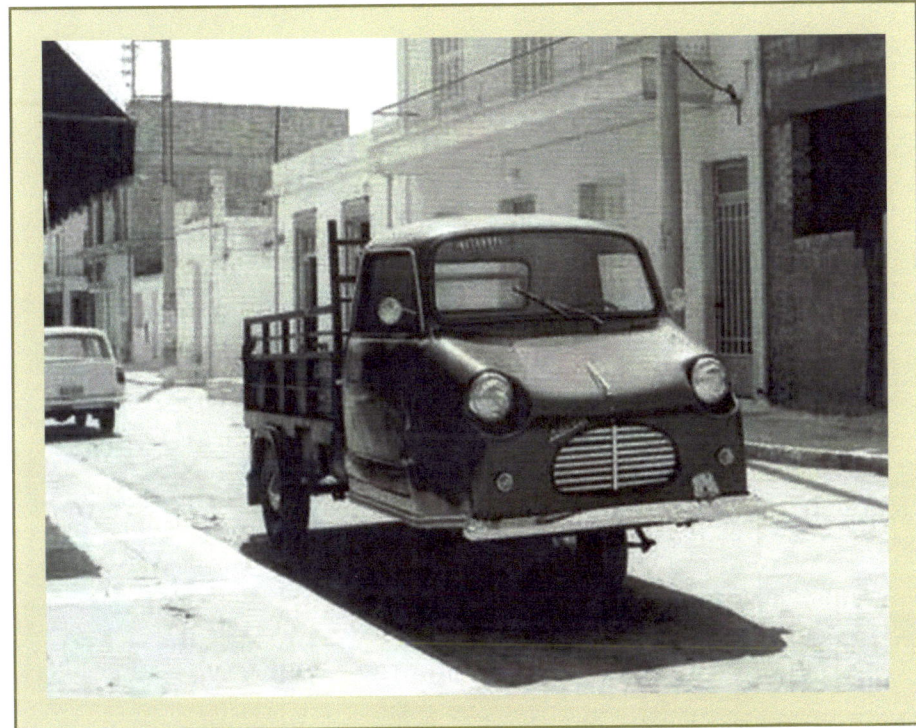

Η εταιρία MEBEA (Μεσογειακαί Επιχειρήσεις Βιομηχανίας Εμπορίου & Αντιπροσωπειών) ιδρύθηκε το 1960 ως διάδοχο σχήμα εταιριών των Τσιμωνίδη-Βιττώρια, οι οποίες παρήγαγαν μοτοποδήλατα από τα τέλη της δεκαετίας του 1950. Η εταιρία έγινε γνωστή για μια σειρά ελαφρών οχημάτων που παρήγαγε για δύο δεκαετίες, όπως μοτοποδήλατα, τρίκυκλα φορτηγά, επιβατικά αυτοκίνητα, ποδήλατα, αγροτικά μηχανήματα. Το πιο σημαντικό ίσως προϊόν της MEBEA ήταν το τζιπάκι Fox του 1979, το οποίο προστέθηκε σε μια σειρά παρόμοιων ελληνικών αυτοκινήτων που, εκμεταλλευόμενα το ευνοϊκό φορολογικό καθεστώς, είχαν επιτύχει αξιόλογες πωλήσεις την ίδια εποχή. Το Fox, στο οποίο η εταιρία είχε επενδύσει σημαντικά, αποτέλεσε όμως και το προϊόν που τελικά οδήγησε σε μοιραία οικονομικά προβλήματα : η αλλαγή του παραπάνω φορολογικού καθεστώτος λίγα χρόνια αργότερα οδήγησε τη MEBEA, όπως και άλλες ελληνικές εταιρίες στο κλείσιμο, τερματίζοντας μια σύντομη «άνοιξη» στην ελληνική αυτοκινητοβιομηχανία.

ΒΙΟΜΗΧΑΝΙΚΕΣ ΕΦΑΡΜΟΓΕΣ ΑΥΤΟΚΙΝΗΣΗΣ

ΔΗΝΑΠ

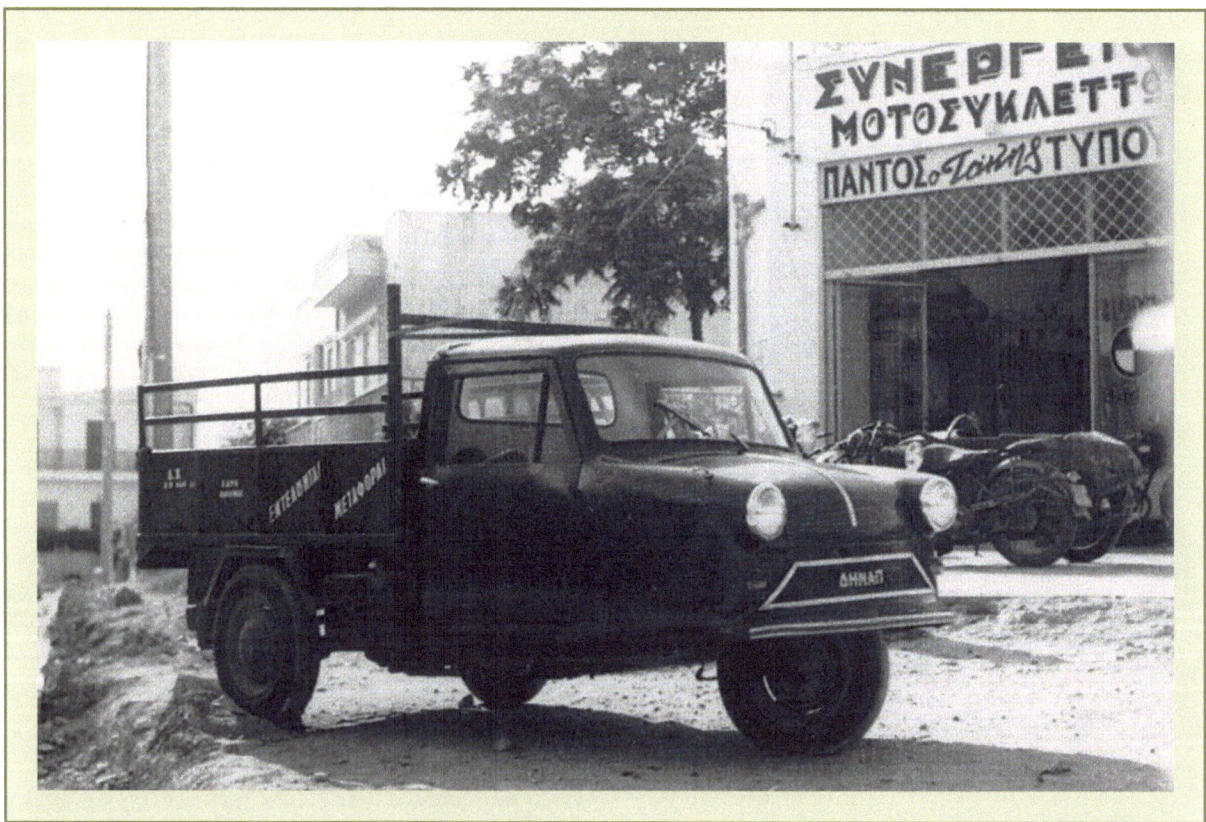

Η ΔΗΝΑΠ (Δ. Αποστολόπουλος Ο. Ε.) ήταν μία από τις μικρότερες ελληνικές εταιρείες κατασκευής μηχανών και φορτηγών. Το εργοστάσιό της βρισκόταν στη Λ. Λιοσίων, στην Αθήνα. Το Dinap 1200 ήταν ένα τρίκυκλο φορτηγό που παράχθηκε κατά το δεύτερο μισό της δεκαετίας του 1960. Τροφοδοτούταν από ένα 1200cc, 34 horsepower (25 kW) αερόψυκτο Volkswagen κινητήρα και μπορούσε να μεταφέρει νόμιμα μέχρι 1.000 kg (2.205 lb). Το φορτίο αυτό ήταν υψηλότερο από το αντίστοιχο των περισσότερων τρίκυκλων φορτηγών.

ΒΙΟΜΗΧΑΝΙΚΕΣ ΕΦΑΡΜΟΓΕΣ ΑΥΤΟΚΙΝΗΣΗΣ

ATLAS

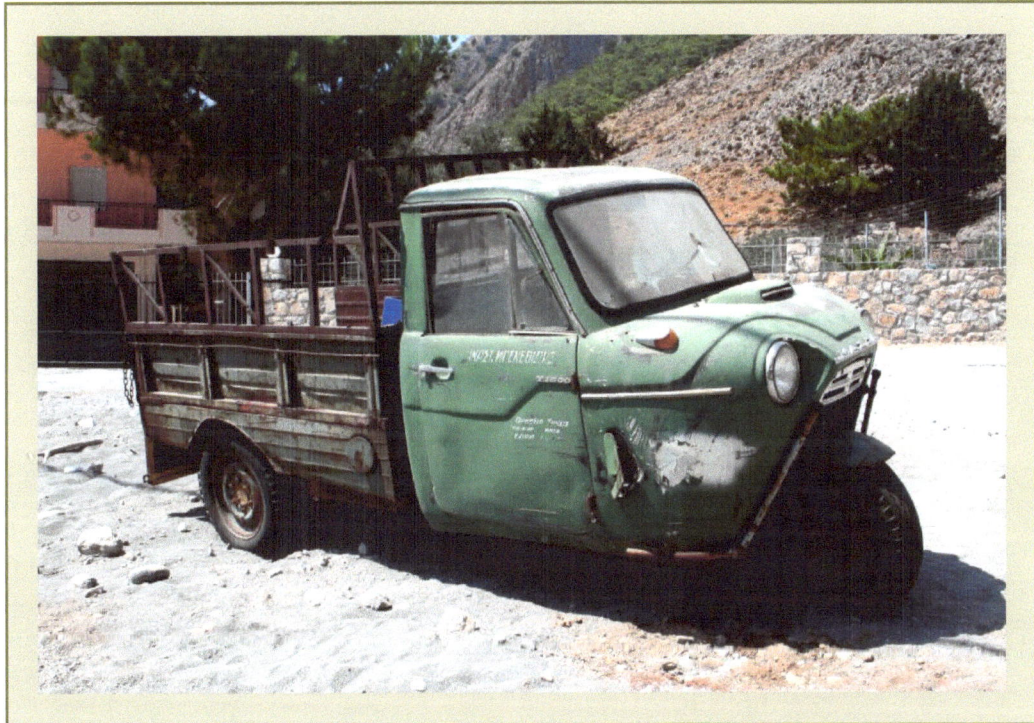

Ελληνική εταιρεία με εργοστάσιο στον Ρέντη Αττικής κατασκεύαζε τρίκυκλα ελαφρά φορτηγά από το 1967 ως το 1972. Χρησιμοποιούσε κινητήρες V.W. αερόψυκτους (συχνά μεταχειρισμένους) και πίσω άξονες από FORD Γερμανίας. Κατασκευάσθηκαν σε δύο τύπους πολυεστερικής καμπίνας.

ΒΙΟΜΗΧΑΝΙΚΕΣ ΕΦΑΡΜΟΓΕΣ ΑΥΤΟΚΙΝΗΣΗΣ

B . E . T

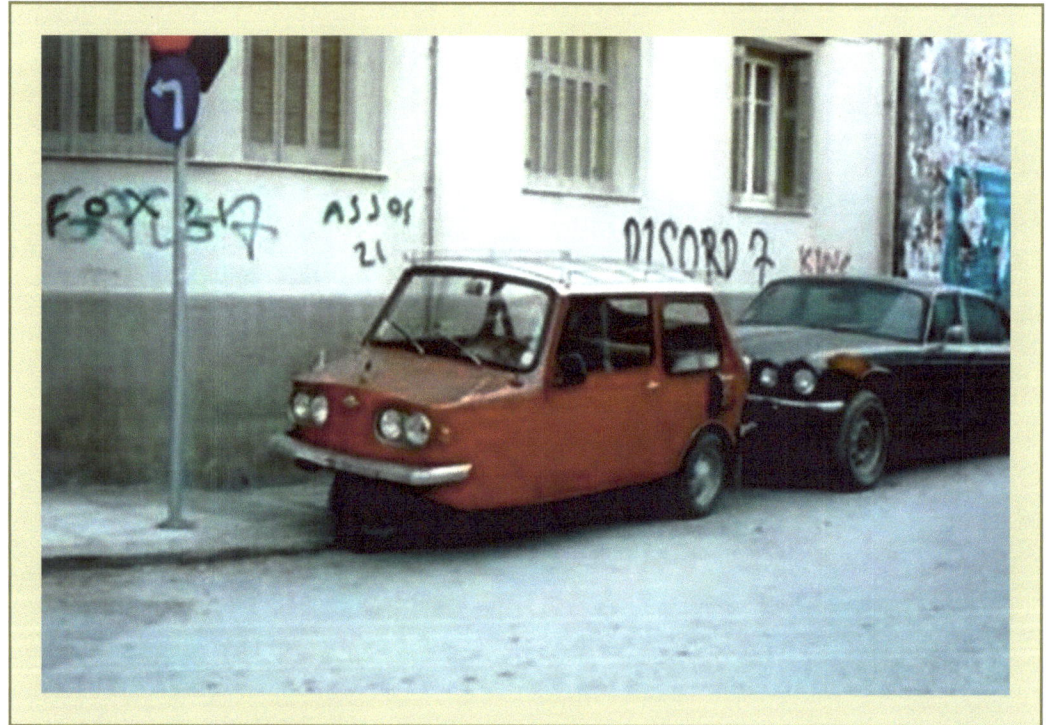

Η Βιομηχανία Ελληνικών Τρικύκλων ιδρύθηκε από τον Πέτρο Κωνσταντίνου και προσανατολίσθηκε στην κατασκευή κυρίως ελαφρών φορτηγών. Το 1965 σχεδίασε το πρώτο της επιβατηγό τρίκυκλο αυτοκίνητο που βασιζόταν σε κινητήρα μοτοσυκλέτας BMW 125 cc. Το πρωτότυπο αυτό δεν έφθασε ποτέ στη γραμμή παραγωγής. Το 1973 κατασκεύασε το BET 500 που έφερε κινητήρα FIAT 500 cc το οποίο όμως παρήχθη σε ελάχιστα κομμάτια. Δεν μπόρεσε να πάρει έγκριση τύπου και η επιχείρηση σταμάτησε τις δραστηριότητές της το 1976.

PANCAR

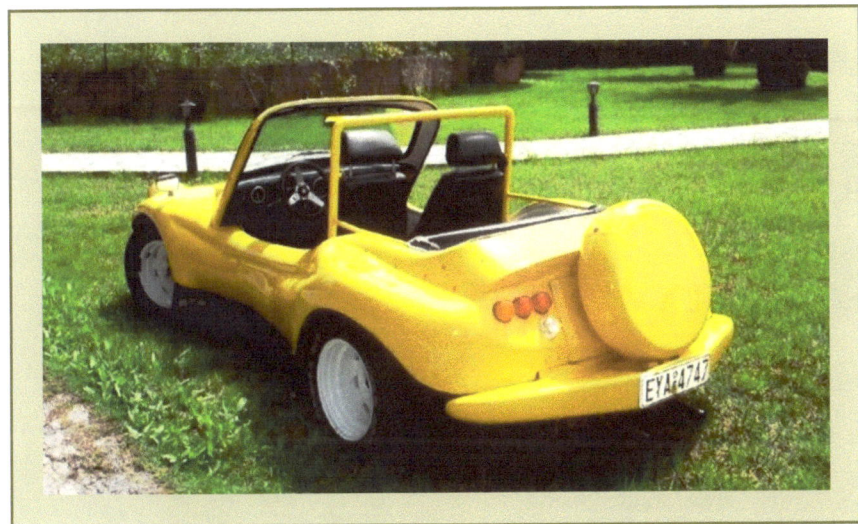

Με έδρα την Αθήνα ακόμα ένας σχεδιαστής - κατασκευαστής ο Παν. Καραβισόπουλος. Λειτούργησε απο το 1968 εως το 1992. Εκτός απο το τρίκυκλο φορτηγό είχε σχεδιάσει και κατασκευάσει ένα τετράτροχο τύπου "BUGGY" χρησιμοποιώντας πλαίσιο και μηχανικά μέρη από V.W. που δεν μπόρεσε όμως να βγάλει αδεια τύπου και να το διαθέσει στην αγορά. Το 1992 παρουσίασε μια νέα πρόταση εκτός δρόμου με όνομα «ΕΡΜΗΣ», που όμως δεν πήρε εγκριση τύπου. Η εταιρεία σταμάτησε να λειτουργεί δύο χρόνια αργότερα.

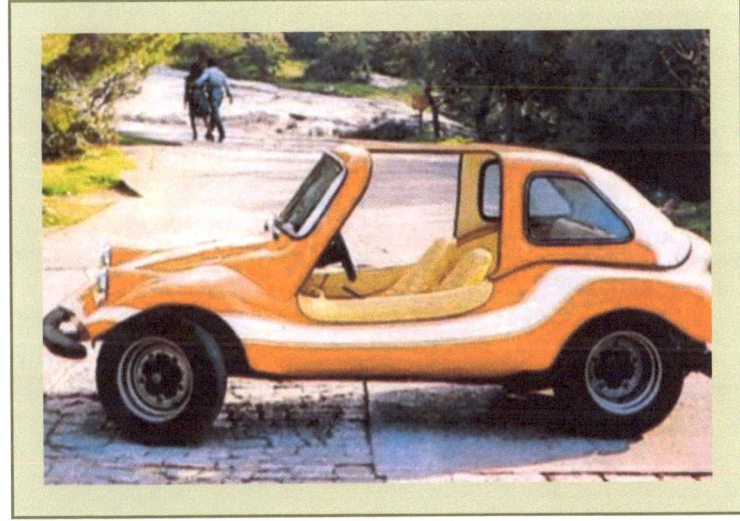

ΒΙΟΜΗΧΑΝΙΚΕΣ ΕΦΑΡΜΟΓΕΣ ΑΥΤΟΚΙΝΗΣΗΣ

ΒΙΑΜΑΞ

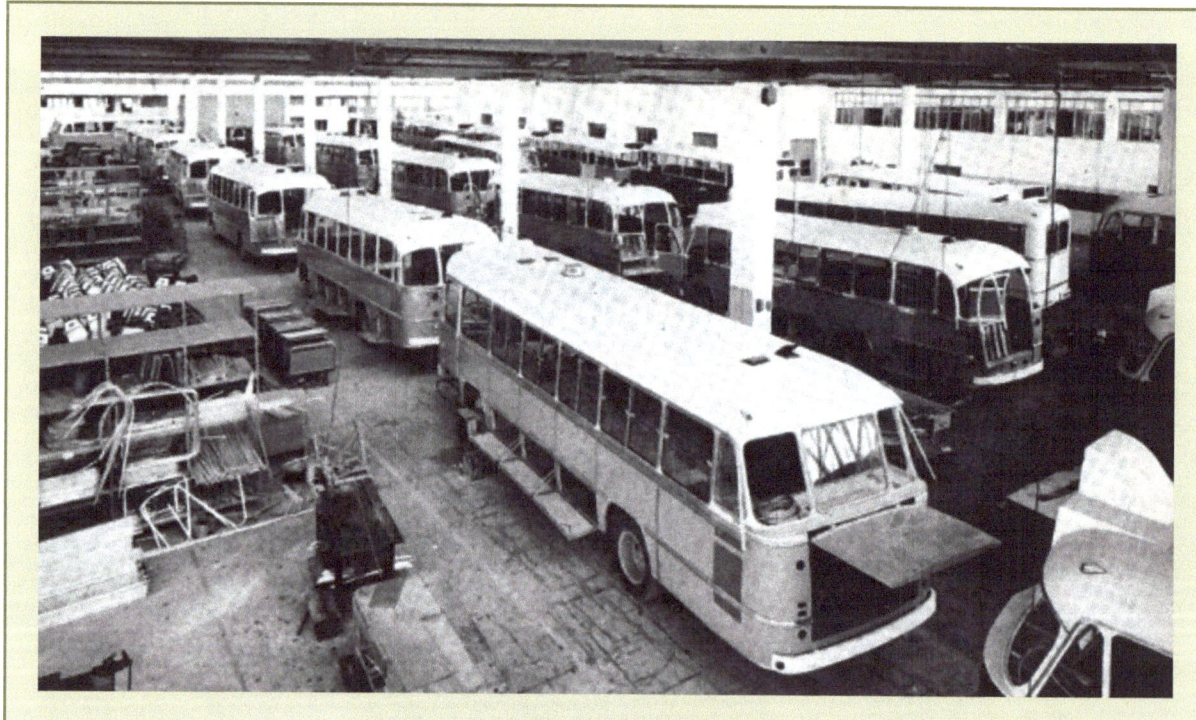

Η ΒΙΑΜΑΞ υπήρξε μεγάλη βιομηχανία αμαξωμάτων οχημάτων και ολοκληρωμένων οχημάτων (λεωφορείων), η οποία είχε εργοστάσια στην Αθήνα, στη Θεσσαλονίκη και στη Λάρισα και ανήκε στην οικογένεια Φωστηρόπουλου η οποία είχε δραστηριοποιηθεί στο χώρο των εισαγωγών αυτοκινήτων Mercedes-Benz από τη δεκαετία του 1930. Η ΒΙΑΜΑΞ ιδρύθηκε το 1956, αρχικά ως κατασκευαστής αμαξωμάτων λεωφορείων και, από το το 1960, ολοκληρωμένων λεωφορείων και πούλμαν. Η εταιρία παρήγαγε συνολικά χιλιάδες οχήματα με σημαντικές εξαγωγές, ιδίως στην Ασία και στην Αφρική.
Η ΒΙΑΜΑΞ σταμάτησε την παραγωγή στα μέσα της δεκαετίας του '80, κυρίως λόγω του ανταγωνισμού από την αθρόα εισαγωγή μεταχειρισμένων λεωφορείων.

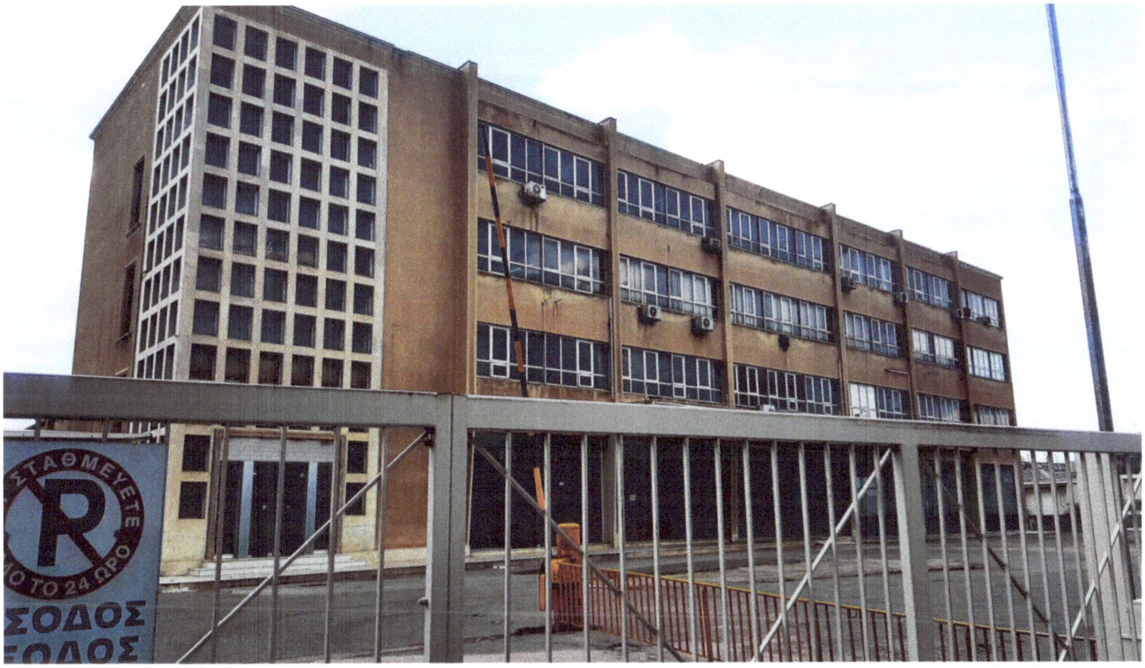

ΒΙΟΜΗΧΑΝΙΚΕΣ ΕΦΑΡΜΟΓΕΣ ΑΥΤΟΚΙΝΗΣΗΣ

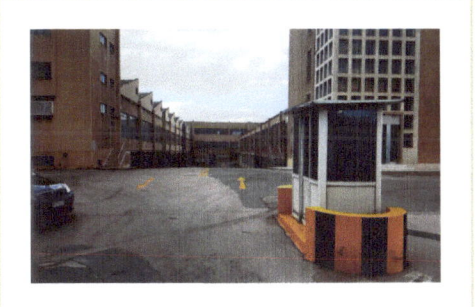

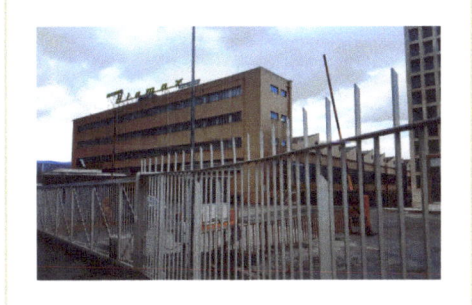

ΠΑΡΑΓΩΓΗ ΗΛΕΚΤΡΙΚΩΝ ΕΙΔΩΝ

ΓΕΝΙΚΑ ΣΤΟΙΧΕΙΑ

Από το 1996, μετά την απόφαση της γερμανικής Siemens να συγκεντρώσει σε ένα μόνο αντικείμενο την παραγωγική δραστηριότητα της θυγατρικής εταιρείας Πίτσος, όλα τα μεγάλα πλυντήρια ρούχων που διατίθενται στην ελληνική αγορά είναι εισαγόμενα. Η Ελλάδα έχει γίνει έτσι η μοναδική χώρα, μέλος στην Ευρωπαϊκή Ένωση, που δεν παράγει ένα τέτοιο βασικό είδος για τα νοικοκυριά της. Πριν από δέκα χρόνια, για να μην πάμε παλαιότερα, ήταν αρκετοί αυτοί που κατασκεύαζαν πλυντήρια στην Ελλάδα. Οι αλλαγές όμως στην αγορά των «λευκών» ηλεκτρικών οικιακών συσκευών είναι ραγδαίες. Αυτό ήλθε να επισημάνει και το Ίδρυμα Οικονομικών και Βιομηχανικών Ερευνών (ΙΟΒΕ) με μια εξειδικευμένη μελέτη του, σε συνέχεια μιας ανάλογης κλαδικής μελέτης της ICAP Hellas με ταυτόσημα σχεδόν συμπεράσματα. Την τελευταία οκταετία οι εισαγωγές προϊόντων αυτής της κατηγορίας αυξήθηκαν περίπου 200%.

ΧΩΡΟΤΑΞΙΑ ΚΑΙ ΠΡΟΪΟΝΤΑ

Στη χώρα μας συνεχίζουν να παράγονται ηλεκτρικά ψυγεία και ψυγειοκαταψύκτες, ηλεκτρικές κουζίνες, μίνι πλυντήρια πιάτων και απορροφητήρες, από πέντε βιομηχανικές εταιρείες που είναι ταυτόχρονα και εμπορικές - εισαγωγικές και διαθέτουν μια μεγάλη γκάμα προϊόντων.

ΠΑΡΑΓΩΓΗ ΚΑΙ ΑΠΑΣΧΟΛΗΣΗ

Η ελληνική παραγωγή «λευκών» ηλεκτρικών οικιακών συσκευών υπολογίζεται ότι δεν απέχει πολύ από τα 350.000 τεμάχια, όταν το 1981 είχε φθάσει τα 645.000 τεμάχια...

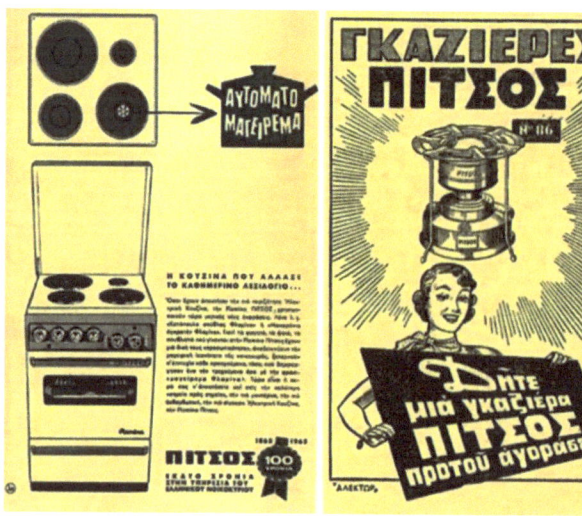

ΠΑΡΑΓΩΓΗ ΗΛΕΚΤΡΙΚΩΝ ΕΙΔΩΝ

Η μοναδική μεγάλη βιομηχανία που κατασκευάζει πλέον ψυγεία είναι η Πίτσος ΑΕ, η οποία έχει πια μετονομασθεί σε BSP AE και διαθέτει μαζί με τα προϊόντα της και εισαγόμενα με τα σήματα της Bosch και της Siemens, δηλαδή των διεθνών εταιρειών στις οποίες ανήκει.

Η παραγωγή απορροφητήρων έχει μειωθεί περισσότερο από 40%. Μικρά πλυντήρια ρούχων παράγονται σε ποσοστό 45% περίπου όσων είχαν παραχθεί 15 χρόνια πριν. Μόνο οι ηλεκτρικές κουζίνες φαίνεται να έχουν «ξεφύγει» από τη λαίλαπα των εισαγωγών. Η παραγωγή αυτών των προϊόντων υπολογίζεται ότι έχει μειωθεί λιγότερο από 20%, αφού η ελληνικών συμφερόντων βιομηχανική αλλά και εμπορική εταιρεία Elco Βαγιωνής ΑΕ κατάφερε να διατηρήσει μια πολύ ισχυρή θέση στην αγορά με τα επώνυμα προϊόντα που φέρουν το σήμα της.

ΠΗΓΕΣ

http://www.tovima.gr/finance/article/?aid=83873

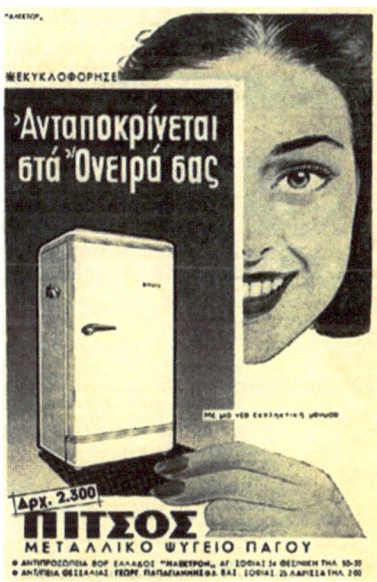
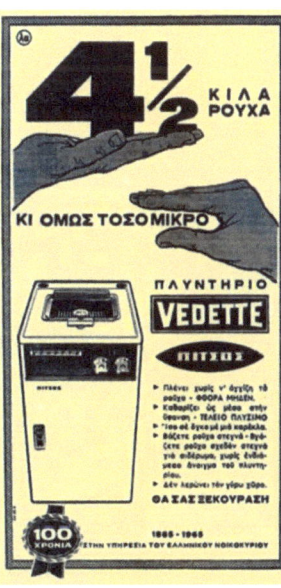
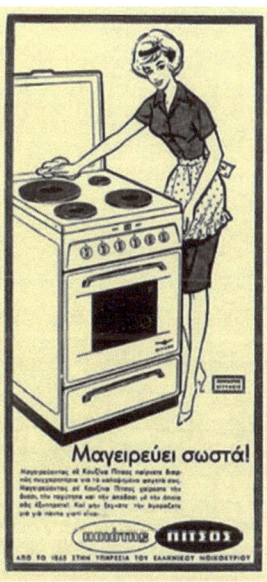

ESKIMO

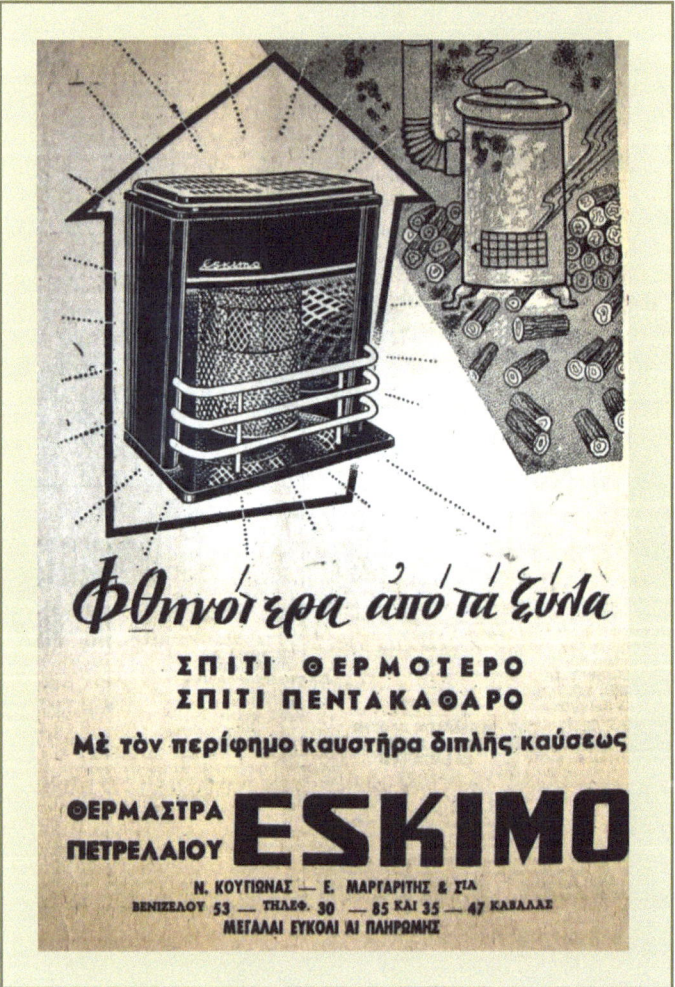

Στην ακμή της, το 1973, η Eskimo απασχολούσε περισσότερους από 1.500 εργαζομένους και κατείχε το 27% της ελληνικής αγοράς στον κλάδο των ηλεκτρικών οικιακών συσκευών. Έχοντας ξεκινήσει το 1958 ως Βιομετάλ και στη συνέχεια ως Βιομετάλ Εσκιμό, παρήγαγε τα πρώτα ηλεκτρικά ψυγεία της το 1959, ενώ το 1968 πραγματοποιήθηκε η εισαγωγή των μετοχών της στο Χρηματιστήριο. Το πρόβλημα για την Eskimo ήταν ότι η κρίση συνέπεσε με τη μεγάλη επένδυση της εταιρείας για το εργοστάσιο στη Μεταμόρφωση, κάτι που ουσιαστικά κατακερμάτισε την εταιρεία.

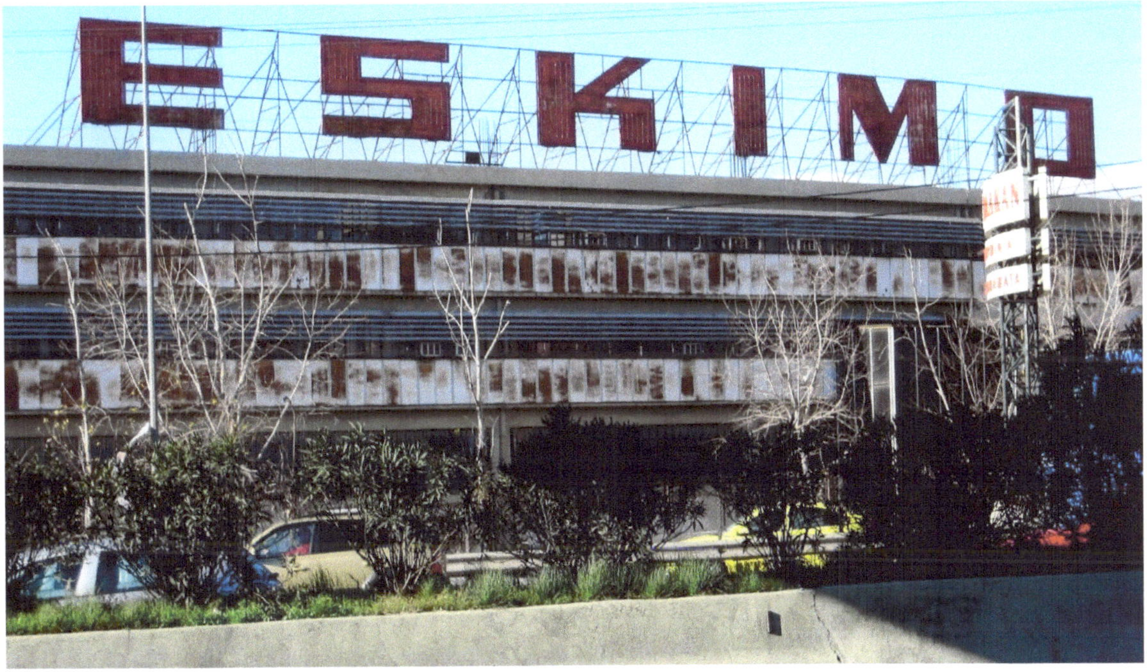

ΠΑΡΑΓΩΓΗ ΗΛΕΚΤΡΙΚΩΝ ΕΙΔΩΝ

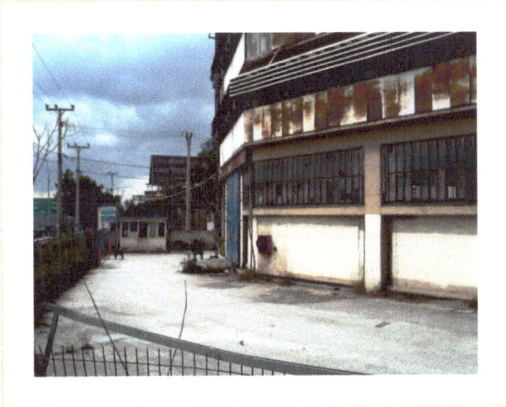

ΠΑΡΑΓΩΓΗ ΗΛΕΚΤΡΙΚΩΝ ΕΙΔΩΝ

ΙΖΟΛΑ

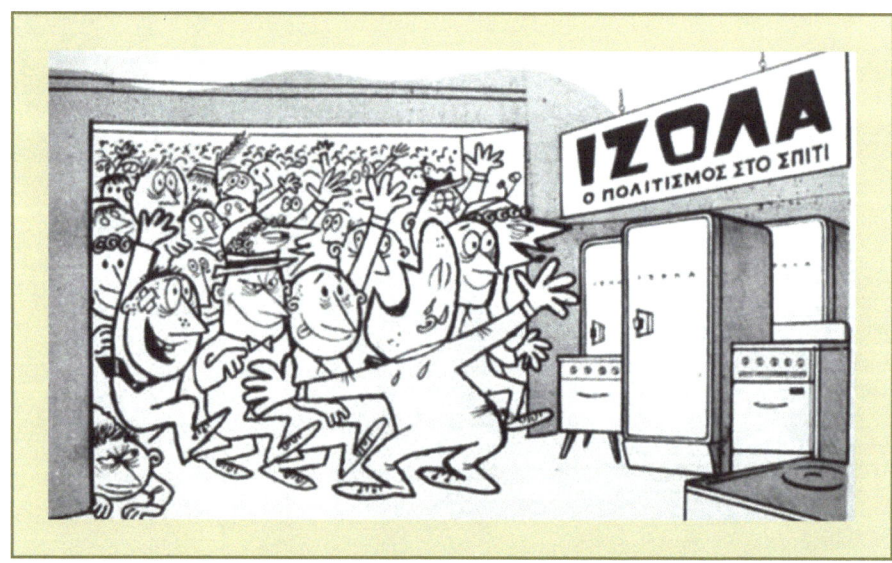

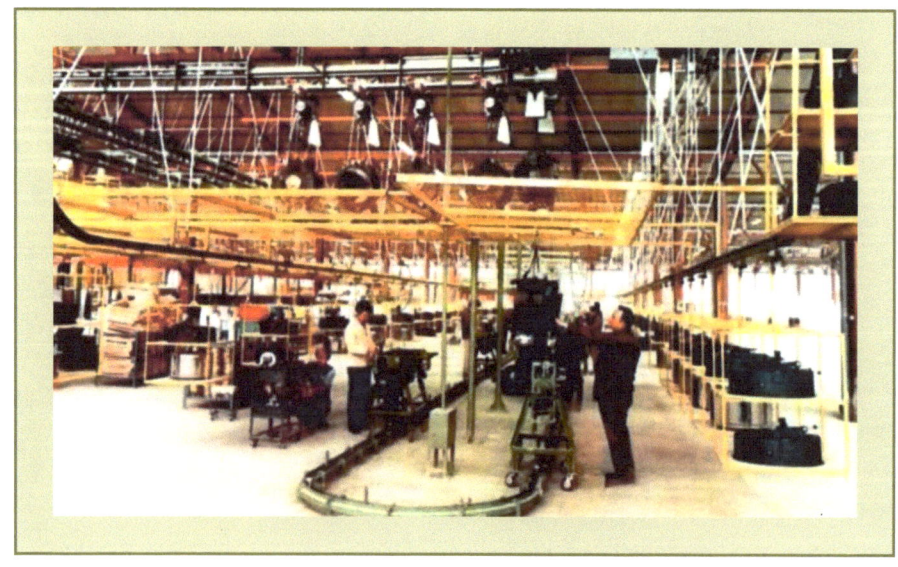

ΠΑΡΑΓΩΓΗ ΗΛΕΚΤΡΙΚΩΝ ΕΙΔΩΝ

Η εταιρεία ΙΖΟΛΑ ιδρύθηκε το 1930 από Μικρασιάτες πρόσφυγες και δραστηριοποιείτο στην κατασκευή και παραγωγή μονωτικών σωλήνων και σιδηροσωλήνων. Αποτέλεσε για τη χώρα, για πάνω από 50 χρόνια, μια από τις μεγαλύτερες βιομηχανίες με περισσότερους από 2.500 εργαζόμενους και παραγωγή 800.000 συσκευών ετησίως.

Το 1951 παράχθηκε η πρώτη ελληνική ηλεκτρική κουζίνα ΙΖΟΛΑ και το 1952 το πρώτο ψυγείο. Από τότε και έως τα μέσα της δεκαετίας του 1990 που τελικά κατέρρευσε, η μάρκα κατέλαβε την πρώτη θέση στις πωλήσεις ηλεκτρικών συσκευών, ξεπερνώντας σε μερίδια αγοράς το 48%.

Η ΙΖΟΛΑ μεσουράνησε στην ελληνική αγορά ως η βιομηχανία οικιακών συσκευών που έφερε «τον πολιτισμό στο σπίτι», όπως επιβεβαίωνε το σύνθημα που την ακολουθούσε για πολλές δεκαετίες.

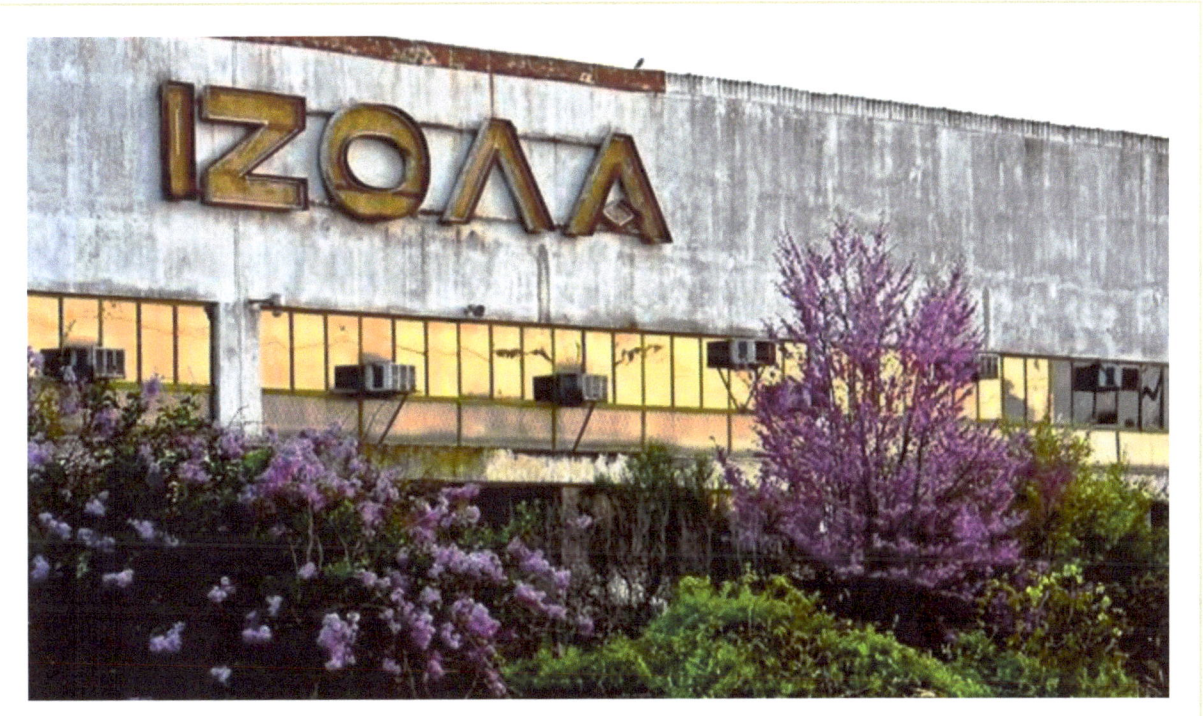

ΠΑΡΑΓΩΓΗ ΗΛΕΚΤΡΙΚΩΝ ΕΙΔΩΝ

PITSOS

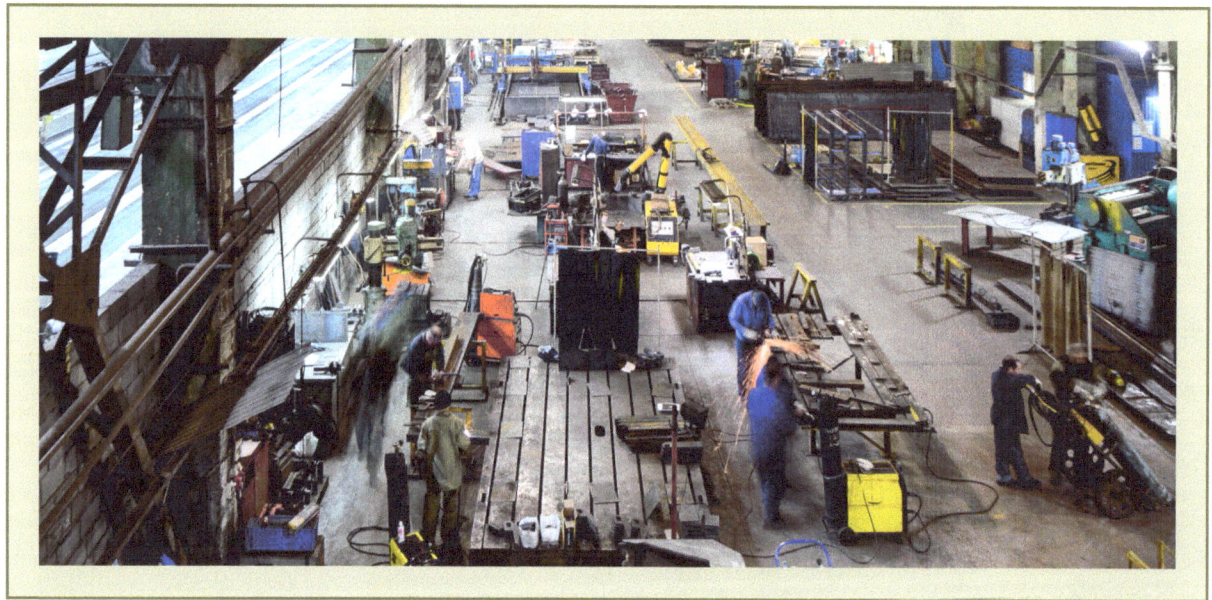

ΠΑΡΑΓΩΓΗ ΗΛΕΚΤΡΙΚΩΝ ΕΙΔΩΝ

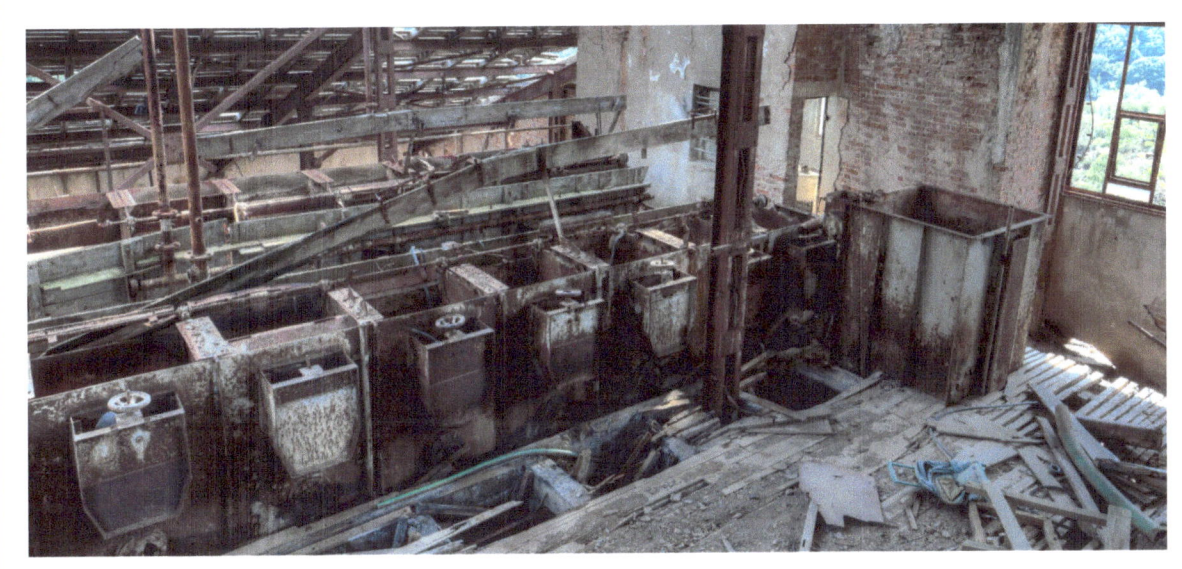

Ιδρύθηκε στην Αθήνα το 1865 και ξεκίνησε ως εταιρεία κατασκευής μικρών οικιακών συσκευών και θερμοσιφώνων λαδιού. Το 1959 ξεκίνησε την παραγωγή ψυγείων σε νέο εργοστάσιο, ενώ σύντομα επένδυσε σε μεγάλο βαθμό στην ανάπτυξη και στην παραγωγή ευρέως φάσματος από σύγχρονες οικιακές συσκευές της εποχής, συμπεριλαμβανομένων και τηλεοράσεων. Παρήγαγε επίσης μεταλλικές κατασκευές όπως ένα τρίτροχο φορτηγό. Το 1976 αγοράστηκε από την Bosch-Siemens Hausgeräte GmbH. Το 1996 μετονομάστηκε σε «BSP Α. Β. Ε. Οικιακών Συσκευών».

ΧΑΡΤΟΠΟΙΙΑ

ΓΕΝΙΚΑ ΣΤΟΙΧΕΙΑ

Η Ελλάδα ήταν ίσως η μόνη ευρωπαϊκή χώρα στην οποία δεν υπήρξε ποτέ παραγωγή χειροποίητου χαρτιού και συνεπώς δε δημιουργήθηκε παράδοση και εξοικείωση με την τέχνη. Έγιναν αρκετές προσπάθειες για να ιδρυθούν χαρτοποιεία, αλλά καμία από αυτές δεν ήταν ιδιαίτερα επιτυχής (1800, 1827-1829-1833).

Το έτος 1876 μπορεί να οριστεί ως η αφετηριακή στιγμή της ελληνικής χαρτοβιομηχανίας. Το Δεκέμβριο του έτους αυτού επικυρώνεται η πρώτη σύμβαση του ελληνικού κράτους με τον έμπορο Βασίλειο Βαρουξάκη για ίδρυση εργοστασίου παραγωγής χαρτιού, στο Φάληρο. Το ατμοκίνητο εργοστάσιο χρησιμοποιεί ως κύρια πρώτη ύλη τα κουρέλια, διαθέτει μηχανές κοπής, πλυσίματος και βρασίματος των κουρελιών, μηχανή λείανσης και εγκαταστάσεις για τη λεύκανση του πολτού. Η ποιότητα του προϊόντος ήταν πολύ καλή και περιλάμβανε υδατογραφημένο χαρτί χαρτοσήμων. Ωστόσο η μακροοικονομική κατάσταση και οι συνεχείς δανεισμοί μειώνουν την πιστοληπτική φερεγγυότητα της επιχείρησης. Τον Ιούνιο του 1886, μετά από πλειστηριασμό, η Τράπεζα Βιομηχανικής Πίστεως καθίσταται ιδιοκτήτρια της βιομηχανίας. Το εργοστάσιο επαναλειτουργεί επτά χρόνια αργότερα με την επωνυμία «Ελληνικό Χαρτοποιείο», για λογαριασμό της ελληνικής κυβέρνησης. Με την απορρόφηση της Τράπεζας Βιομηχανικής Πίστεως από την Τράπεζα Αθηνών, η επωνυμία της επιχείρησης αλλάζει σε «Χαρτοποιείον το Φάληρον», το οποίο θα περιέλθει αργότερα στην ιδιοκτησία της «Βιομηχανικής Εταιρείας ο Ερμής».

ΧΩΡΟΤΑΞΙΑ ΚΑΙ ΠΡΟΪΟΝΤΑ

Το 1937 ιδρύεται, στο Βοτανικό, η «Αθηναϊκή Χαρτοποιία, Γ. Γιαννουλάτος, Κ. Κεφάλας και Σία Ο.Ε.», η οποία μέλει να γίνει μία από τις μεγαλύτερες στη χώρα. Με συνεχή δάνεια και μεγάλες επενδύσεις μέχρι το 1974 η βιομηχανία θα έχει πλέον 9 μηχανές χαρτιού (παράγεται κάθε είδους χαρτί: κραφτ, εκτύπωσης-γραφής, χαρτιά υγείας Softex). Το 1994 θα λειτουργήσει, στις εγκαταστάσεις της Πειραϊκής–Πατραϊκής, νέο σύγχρονο εργοστάσιο στο Μεγάλο Πεύκο.

Το 1949 ιδρύεται η «ΕΛΒΕΚ Α.Ε.» (Ελληνική Βιομηχανική Εταιρεία Κυτταρίνης) με σκοπό τη δημιουργία εργοστασίου αχυροπολτού στη Λάρισα (εκμετάλλευση των σιτοβολώνων του κάμπου). Το 1965 ιδρύεται και λειτουργεί εργοστάσιο παραγωγής χαρτιού από τον πολτό αχύρου. Το 1983 κηρύσσει πτώχευση και τελικά το 1991 διακόπτει τη λειτουργία της.

Η «Χαρτοποιία Θράκης Α.Ε.» (εμπορικό σήμα DIANA) ιδρύεται στην Ξάνθη, από τον Πάνο Ζερίτη, με τρεις χαρτοποιητικές μηχανές και κύρια δραστηριότητα την παραγωγή χαρτιού υγείας. Το 2014 η εταιρεία κηρύσσει πτώχευση.

ΧΑΡΤΟΠΟΙΙΑ

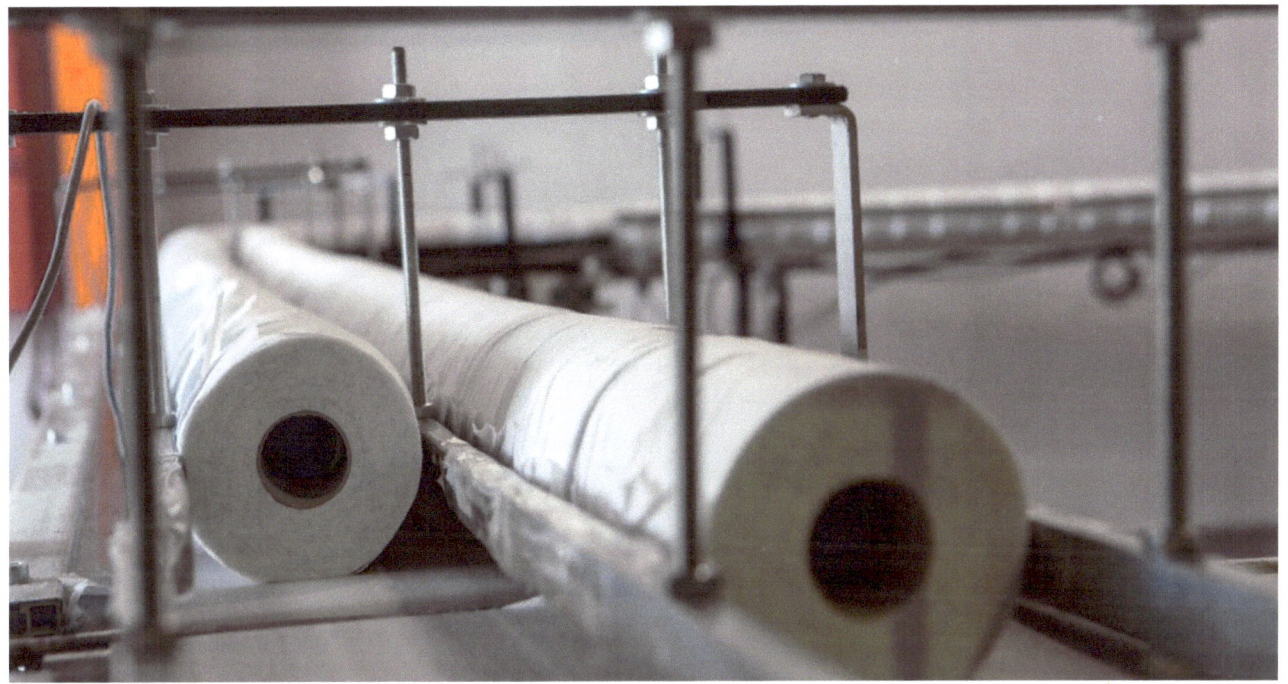

ΧΑΡΤΟΠΟΙΙΑ

SOFTEX - ΑΘΗΝΑΪΚΗ ΧΑΡΤΟΠΟΙΙΑ

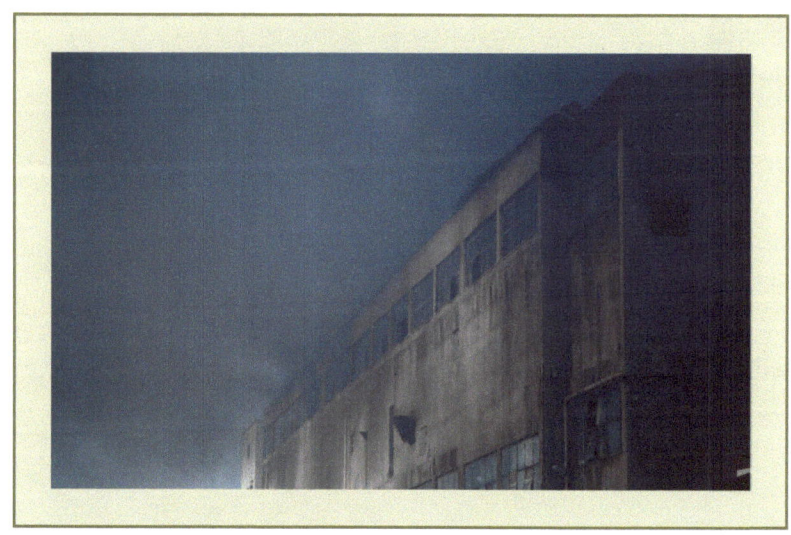

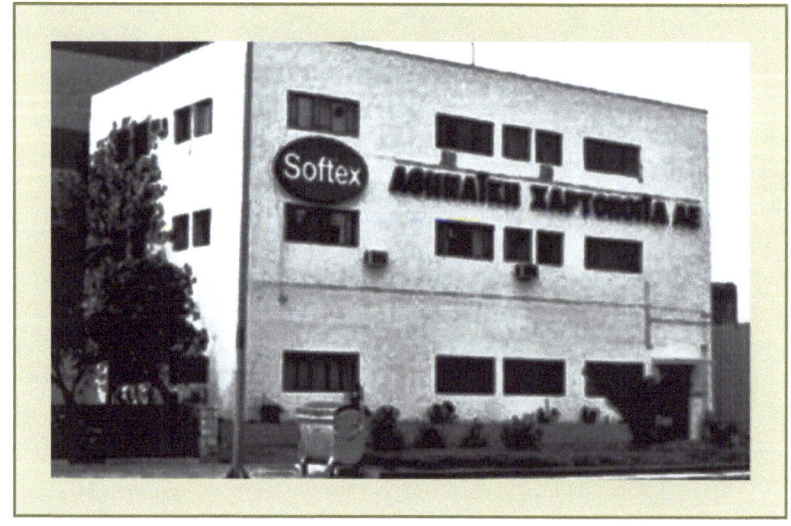

ΧΑΡΤΟΠΟΙΙΑ

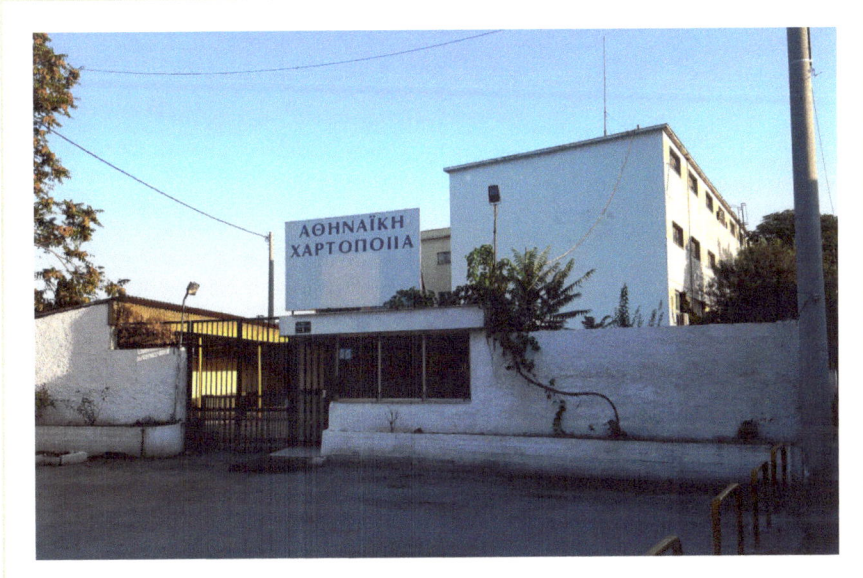

Η Softex ιδρύθηκε το 1937 και ξεκίνησε να λειτουργεί στο Βοτανικό ως η «Αθηναϊκή Χαρτοποιία – Γ.Γιαννουλάτος, Κ. Κεφάλας και Σία Ο.Ε.». Η εταιρεία άρχισε τη λειτουργία της με λίγο προσωπικό και το 1945 έφτασε να αριθμεί 88 εργατοϋπάλληλους. Η πορεία της θα είναι ανοδική παρ' ότι οι δανεισμοί θα είναι συνεχείς από την πρώτη, κιόλας, περίοδο της λειτουργίας της. Το 1984 η Softex ήταν ήδη προβληματική, λόγω της καθοδικής της πορείας από ζημιογόνες επενδύσεις που είχαν κίνητρο τον ανταγωνισμό με άλλες αντίστοιχες εταιρίες. Η δεύτερη κατάρρευση της Softex ήρθε το 1997 με χαριστική βολή μια πυρκαγιά που την κατέστρεψε.

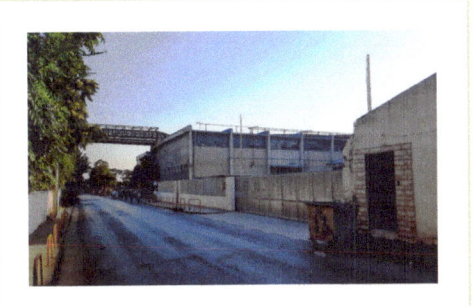
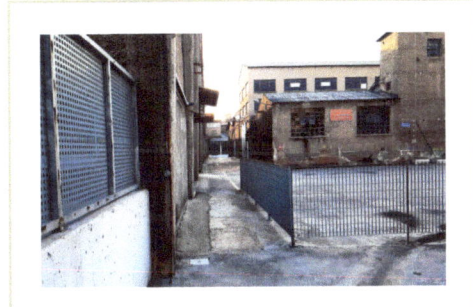

ΧΑΡΤΟΠΟΙΙΑ

DIANA
ΧΑΡΤΟΠΟΙΙΑ ΘΡΑΚΗΣ

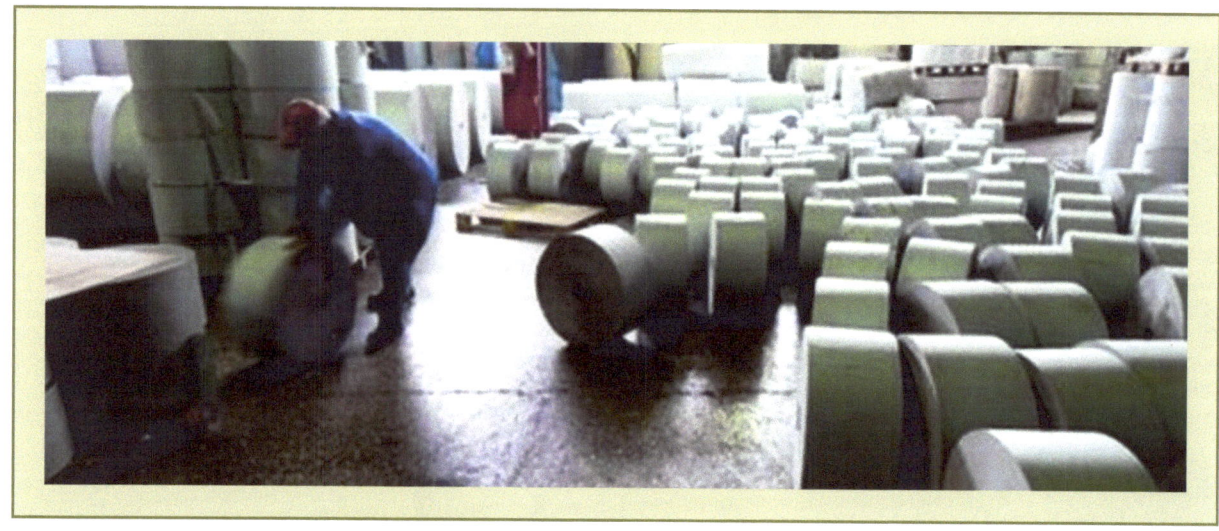

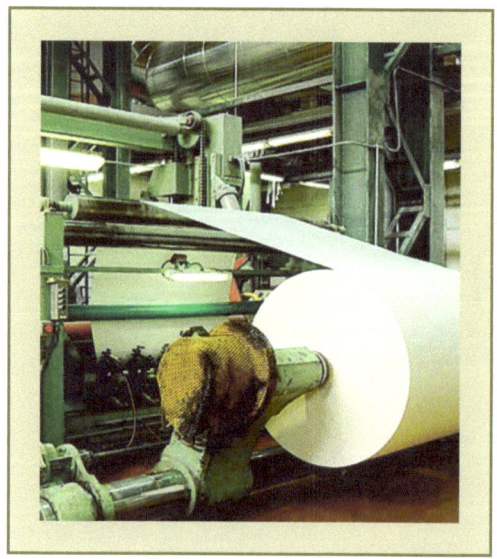

ΧΑΡΤΟΠΟΙΙΑ

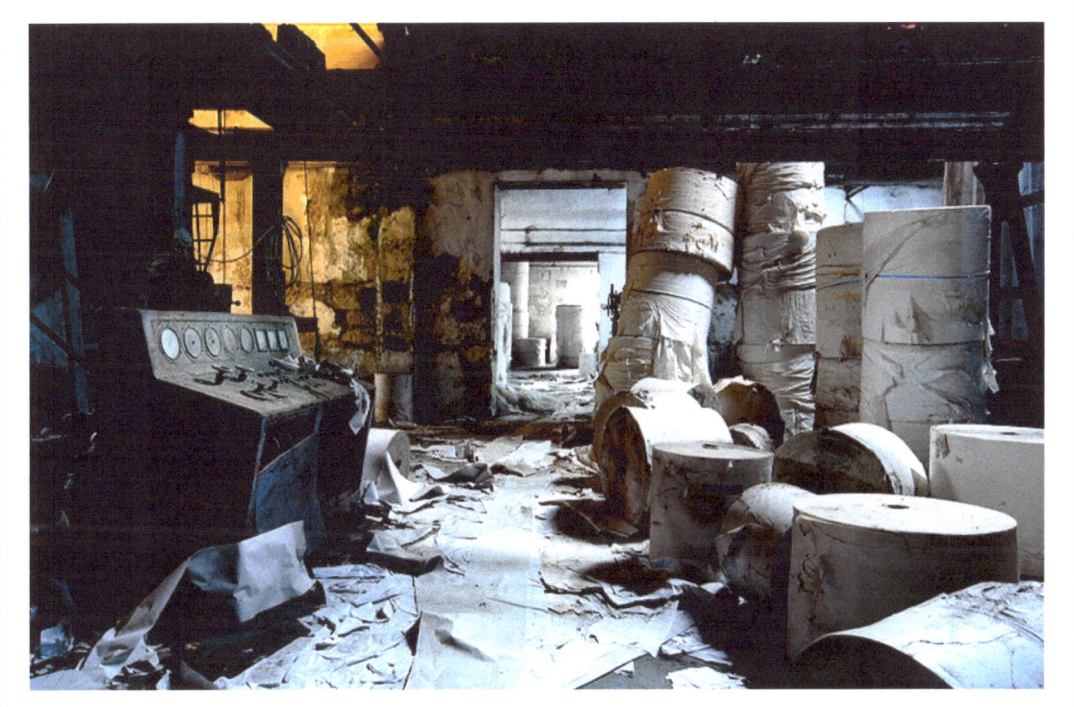

Απρόσμενο ήταν το κλείσιμο της «Χαρτοποιία Θράκης» (Diana), η οποία έπειτα από 32 έτη αδιάλειπτης λειτουργίας οδηγήθηκε σε πτώχευση. Η επιχείρηση του επιχειρηματία Π. Ζερίτη λύγισε υπό το βάρος των υποχρεώσεών της και της αδυναμίας της να βρει κεφάλαια για να συνεχίσει τη λειτουργία της. Η Χαρτοποιία Θράκης ιδρύθηκε το 1980, ενώ εκτός από το εργοστάσιο στην Ξάνθη είχε εγκαταστάσεις και ακίνητα σε Αθήνα, Θεσσαλονίκη, Ιωάννινα, Κοζάνη, Πάτρα και Ηράκλειο Κρήτης.

ΒΙΟΜΗΧΑΝΙΑ ΤΡΟΦΙΜΩΝ ΚΑΙ ΠΟΤΩΝ

ΓΕΝΙΚΑ ΣΤΟΙΧΕΙΑ

Η βιομηχανία Τροφίμων και Ποτών διατηρεί σημαντικό ρόλο για την ελληνική οικονομία και την ελληνική μεταποιητική βιομηχανία και διαθέτει τις προϋποθέσεις για να παραμείνει βασικός μοχλός ανάπτυξης της χώρας, ακόμη και σε αυτήν την ιδιαίτερα δύσκολη και υφεσιακή περίοδο που διανύουμε. Είναι ένας από τους πιο σημαντικούς τομείς του δευτερογενή τομέα της εγχώριας οικονομίας και μία από τις κινητήριες δυνάμεις της ελληνικής μεταποίησης, με τις εξελίξεις γύρω από αυτή να επηρεάζουν σημαντικά και το σύνολο της ελληνικής παραγωγής. Η ελληνική βιομηχανία Τροφίμων και Ποτών είναι μια δυναμική, ανταγωνιστική και εξωστρεφής βιομηχανία, με σημαντικές επενδύσεις και επιχειρηματική δραστηριότητα στην Ελλάδα, τα Βαλκάνια και σε όλη την Ευρώπη, ενώ οι δυνατότητες περαιτέρω ανάπτυξής της είναι μεγάλες και μπορεί να διαδραματίσει σημαντικό ρόλο στην τόνωση της ανάπτυξης της ελληνικής οικονομίας. Η συμβολή της βιομηχανίας Τροφίμων και Ποτών στα κύρια διαθρωτικά μεγέθη της είναι εξαιρετική: καλύπτει το 1/5 του συνόλου των επιχειρήσεων της μεταποίησης και είναι ο μεγαλύτερος εργοδότης της, αφού σε αυτήν απασχολείται το 1/4 του συνόλου των απασχολουμένων στην παραγωγή. Η παρουσία του τομέα είναι επίσης ζωτικής σημασίας με καθαρά οικονομικούς όρους: ως προς την ακαθάριστη προστιθέμενη αξία και τον κύκλο εργασιών, καλύπτει το 30% και 25% αντίστοιχα στο σύνολο της μεταποίησης.

ΠΑΡΑΓΩΓΗ ΚΑΙ ΑΠΑΣΧΟΛΗΣΗ

Η ετήσια συμβολή του κλάδου στη συνολική αξία παραγωγής, τόσο στο σύνολο της μεταποίησης, όσο και στο σύνολο των οικονομικών δραστηριοτήτων της χώρας, έχει ελαφρώς αυξηθεί. Ωστόσο, σε σύγκριση με μια δεκαετία πριν, το μερίδιο της παραγόμενης αξίας του κλάδου στο σύνολο της μεταποίησης, αλλά και στο σύνολο των οικονομικών δραστηριοτήτων, έχει μειωθεί. Συγκεκριμένα, από το 2000 έως το 2004, η μέση ετήσια

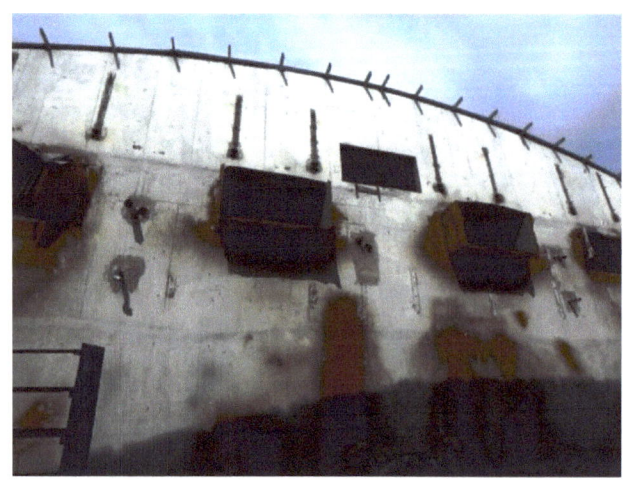

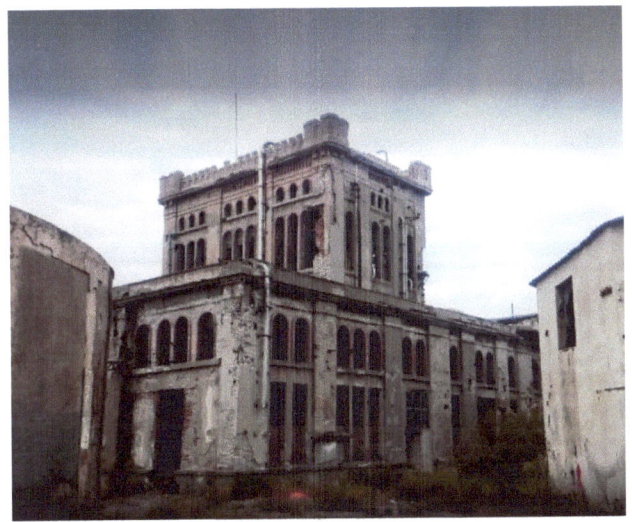

συμβολή της βιομηχανίας τροφίμων, ποτών, ως προς τη συνολική αξία παραγωγής στη μεταποίηση κυμαινόταν πλησίον του 31%, ενώ ως προς το σύνολο της παραγόμενης αξίας στους 64 κλάδους της οικονομίας, έφθανε κατά μέσο όρο κοντά στο 6%. Τα ποσοστά αυτά ωστόσο μειώθηκαν σημαντικά από το 2005 έως το 2008, φθάνοντας την περίοδο αυτή κατά μέσο όρο στο 25% στο σύνολο της μεταποίησης, έχοντας απολέσει δηλαδή ένα 5% της αξίας τους συνολικά. Σχετικά με τον αριθμό των επιχειρήσεων, ο υποκλάδος Παραγωγή ειδών αρτοποιίας και αλευρωδών προϊόντων (107) κατέχει το μεγαλύτερο ποσοστό επί του συνολικού αριθμού επιχειρήσεων στα Τρόφιμα, το οποίο φθάνει περίπου το 63% κατά μέσο όρο την περίοδο 2008-2010. Στα Ποτά αντίθετα, ο αντίστοιχος αριθμός των επιχειρήσεων το 2008 ήταν 868 και το 2010 έφθανε τις 918 επιχειρήσεις, παρουσιάζοντας συνολική ετήσια αύξηση της τάξης του 5,8%.

Το σύνολο των εργαζομένων στα Τρόφιμα και Ποτά μαζί, έφθανε συνολικά τις 117.671 εργαζομένους το 2008, αριθμός που μειώθηκε στις 106.488 το 2012. Το 2011 μόνο, τα άτομα που απασχολούνται σε Τρόφιμα και Ποτά μαζί, μειώθηκαν κατά 8,3% μέσα σε ένα χρόνο.

Το 2011, ο κλάδος Τροφίμων και Ποτών συνολικά παρουσιάζει αρνητική μεταβολή ως προς τον τζίρο των επιχειρήσεων σε σχέση με το 2010, η οποία φθάνει το -4%, ενώ πτώση της τάξης του 12,5% καταγράφεται και στα μικτά κέρδη των επιχειρήσεων. Αντίθετα, το 2010, τόσο στον κύκλο εργασιών, όσο και στα μικτά τους κέρδη, οι επιχειρήσεις των τροφίμων και ποτών κατέγραψαν άνοδο σε σχέση με το 2009, κατά 3,7% και 0,2% αντίστοιχα.

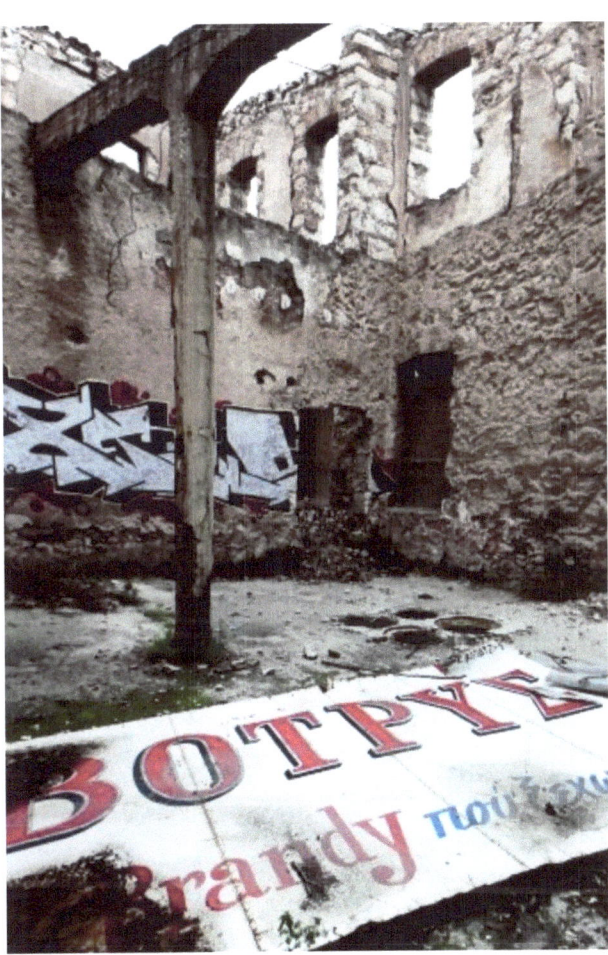

ΠΗΓΕΣ

http://iobe.gr/docs/research/RES_01_7042016_REP_GR.pdf

ΒΙΟΜΗΧΑΝΙΑ ΤΡΟΦΙΜΩΝ ΚΑΙ ΠΟΤΩΝ

NUTRIART
(ΠΡΩΗΝ ΚΑΤΣΕΛΗΣ)

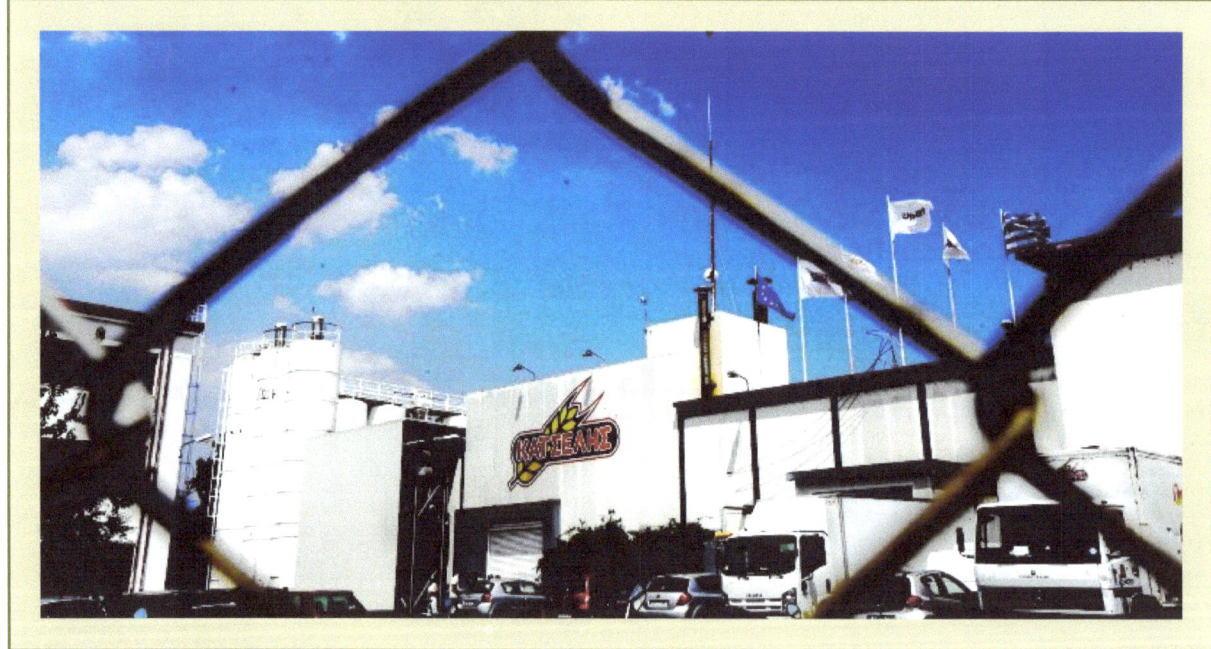

Από τα πιο απροσδόκητα και συνάμα οδυνηρά «λουκέτα» ήταν αυτό της αρτοβιομηχανίας Nutriart πρώην Κατσέλης. Και αυτό γιατί κατείχε ηγετική θέση στον κλάδο της και στο τιμόνι της είχε ισχυρούς μετόχους, τους γνωστούς επιχειρηματίες Δαυίδ-Λεβέντη, οι οποίοι μαζί με τις τράπεζες προσπάθησαν να αποτρέψουν την κατάρρευση. Ωστόσο, το εγχείρημα δεν απέδωσε καρπούς με αποτέλεσμα το φθινόπωρο του 2013, η εταιρεία να καταθέσει και τυπικά αίτηση πτώχευσης ενώπιον του Πολυμελούς Πρωτοδικείου Αθηνών, δίνοντας τέλος σε μια διαδρομή πολλών δεκαετιών και αφήνοντας χωρίς δουλειά περίπου 500 εργαζομένους.

ΚΡΟΝΟΣ

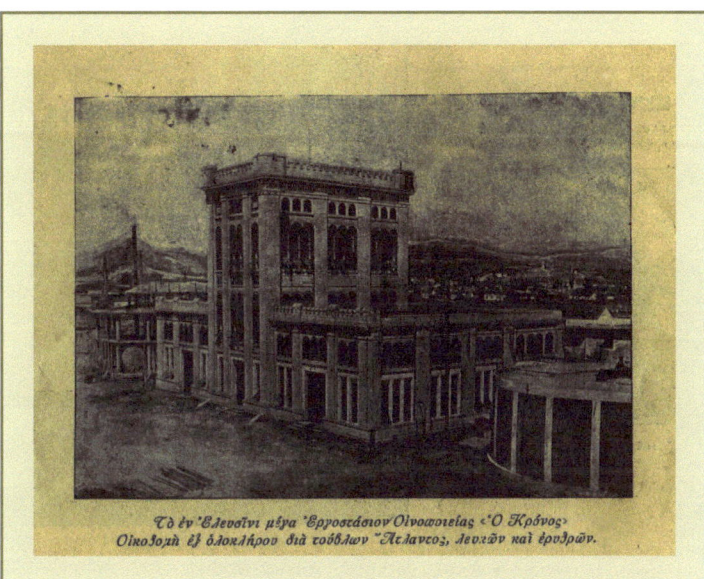

Τὸ ἐν Ἐλευσῖνι μέγα Ἐργοστάσιον Οἰνοποιείας «Ὁ Κρόνος»
Οἰκοδομὴ ἐξ ὁλοκλήρου διὰ τούβλων "Πελανος, λευκῶν καὶ ἐρυθρῶν".

Το εργοστάσιο "ΚΡΟΝΟΣ" ιδρύθηκε το 1922, για την παραγωγή οίνου και οινοπνεύματος και αποτέλεσε ένα από τα πιο σύγχρονα βιομηχανικά συγκροτήματα της εποχής. Ως πηγές ενέργειας χρησιμοποιούσε ατμό και πετρέλαιο και ως πρώτη ύλη σταφύλι. Το 1928 είχε περίπου 250-300 εργαζομένους και το 1970 περίπου 150. Τελικά έκλεισε το 1986, έχοντας αμαυρώσει το όνομά της καθώς μαζί με άλλες βιομηχανίες της περιοχής κατηγορήθηκε για τη ρύπανση του κόλπου. Το 1991 αγοράστηκε από ιδιώτη εφοπλιστή. Έκτοτε λειτουργεί ως αποθηκευτικός χώρος.

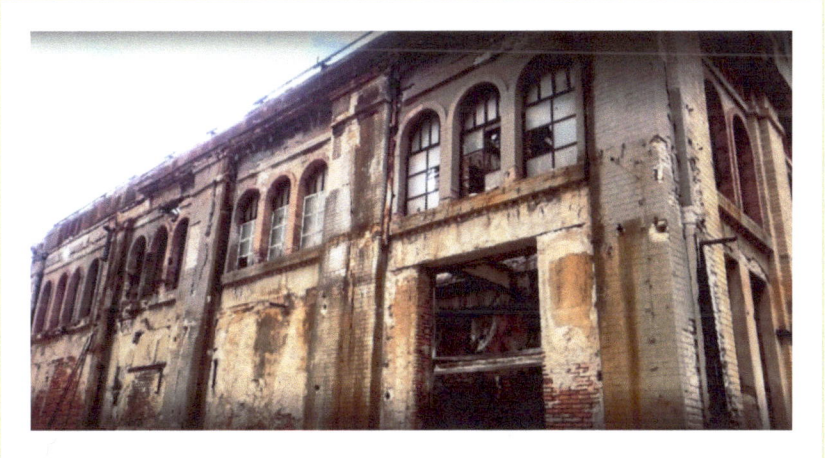

ΒΙΟΜΗΧΑΝΙΑ ΤΡΟΦΙΜΩΝ ΚΑΙ ΠΟΤΩΝ

ΕΛΑΙΟΥΡΓΙΚΗ ΕΛΕΥΣΙΝΑΣ

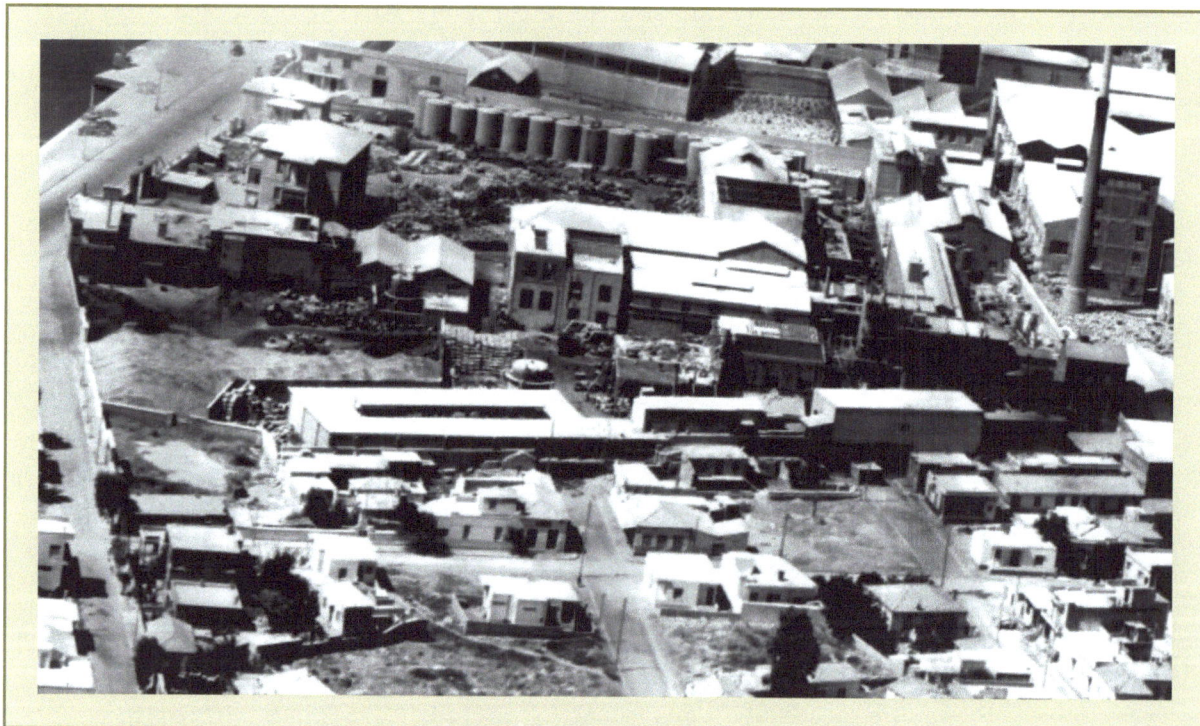

Αποτελούσε για πολλά χρόνια τη μεγαλύτερη μονάδα παραγωγής λαδιού στην Ελλάδα και απασχολούσε εκατοντάδες εργατικά χέρια που σε περίοδο ακμής αυξάνονταν. Ωστόσο η παραγωγή της σταμάτησε και οι χώροι της σήμερα αξιοποιούνται για τη φιλοξενία πολιτισμικών εκδηλώσεων.

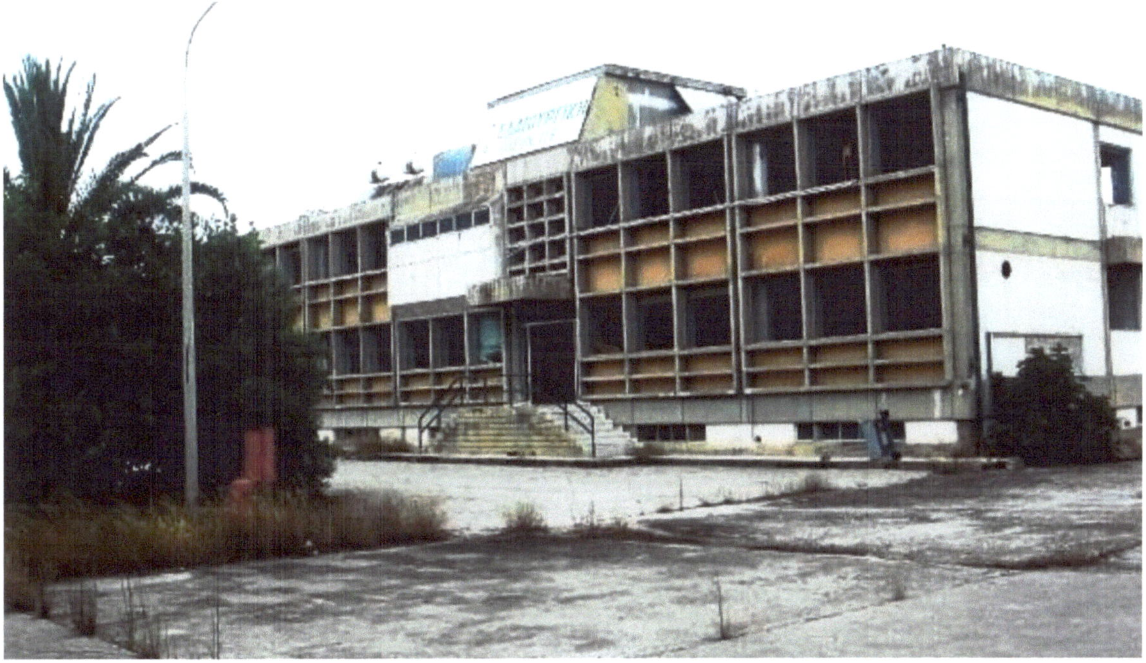

ΒΙΟΜΗΧΑΝΙΑ ΤΡΟΦΙΜΩΝ ΚΑΙ ΠΟΤΩΝ

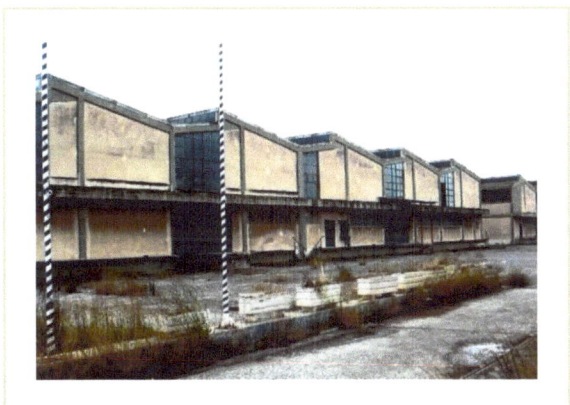

ΒΙΟΜΗΧΑΝΙΑ ΤΡΟΦΙΜΩΝ ΚΑΙ ΠΟΤΩΝ

ΒΟΤΡΥΣ

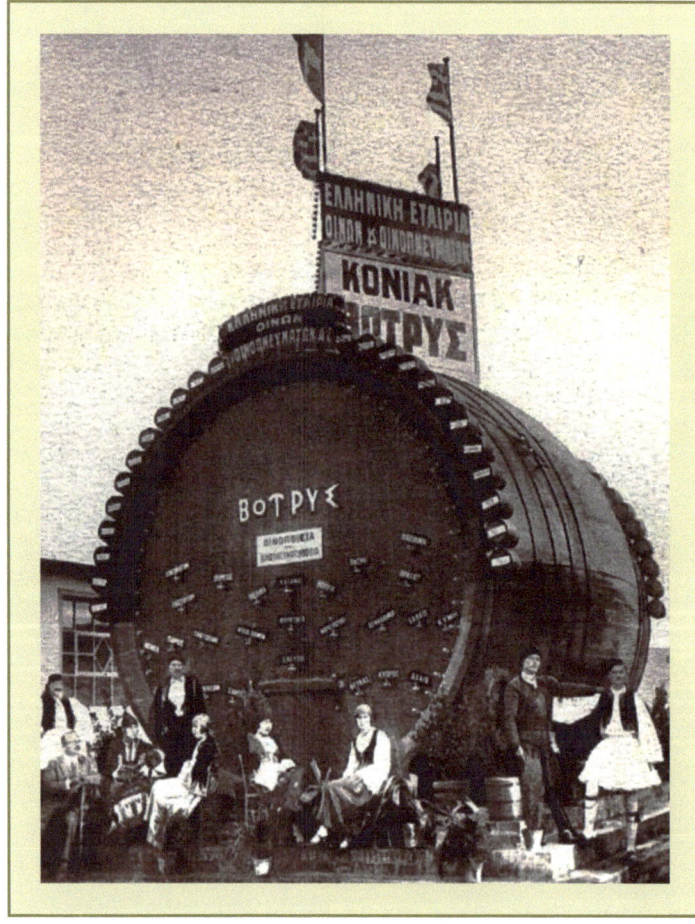

Το εργοστάσιο ΒΟΤΡΥΣ είναι ένα από τα πολλά εργοστάσια οινοποιίας που ίδρυσε η ΕΛΛΗΝΙΚΗ ΕΤΑΙΡΙΑ ΟΙΝΩΝ ΚΑΙ ΟΙΝΟΠΝΕΥΜΑΤΩΝ (Ε.Ε.Ο.Ο.). Το 1938 τελικά η Ε.Ε.Ο.Ο αγοράστηκε εξ ολοκλήρου από τον Μποδοσάκη – Αθανασιάδη ο οποίος εξαγόρασε και τις ξένες (Γαλλικές) μετοχές της εταιρίας. Το 1973 ιδρύει το «ίδρυμα Μποδοσάκη» στο οποίο μεταβίβασε εν ζωή όλη του την περιουσία καθώς και τις μετοχές της Ε.Ε.Ο.Ο.. Μετά το θάνατό του (19 Ιανουαρίου 1979), η διοίκηση του ΒΟΤΡΥΣ περνάει στα χέρια του ανιψιού του Μποδοσάκη, Τζώρτζη Αθανασιάδη (συντάκτη της εφημερίδας «ΒΡΑΔΥΝΗ»), ο οποίος δολοφονήθηκε από τη 17 Νοέμβρη το 1982. Το 1986 σταματά οριστικά η λειτουργία του.

ΒΙΟΜΗΧΑΝΙΑ ΤΡΟΦΙΜΩΝ ΚΑΙ ΠΟΤΩΝ

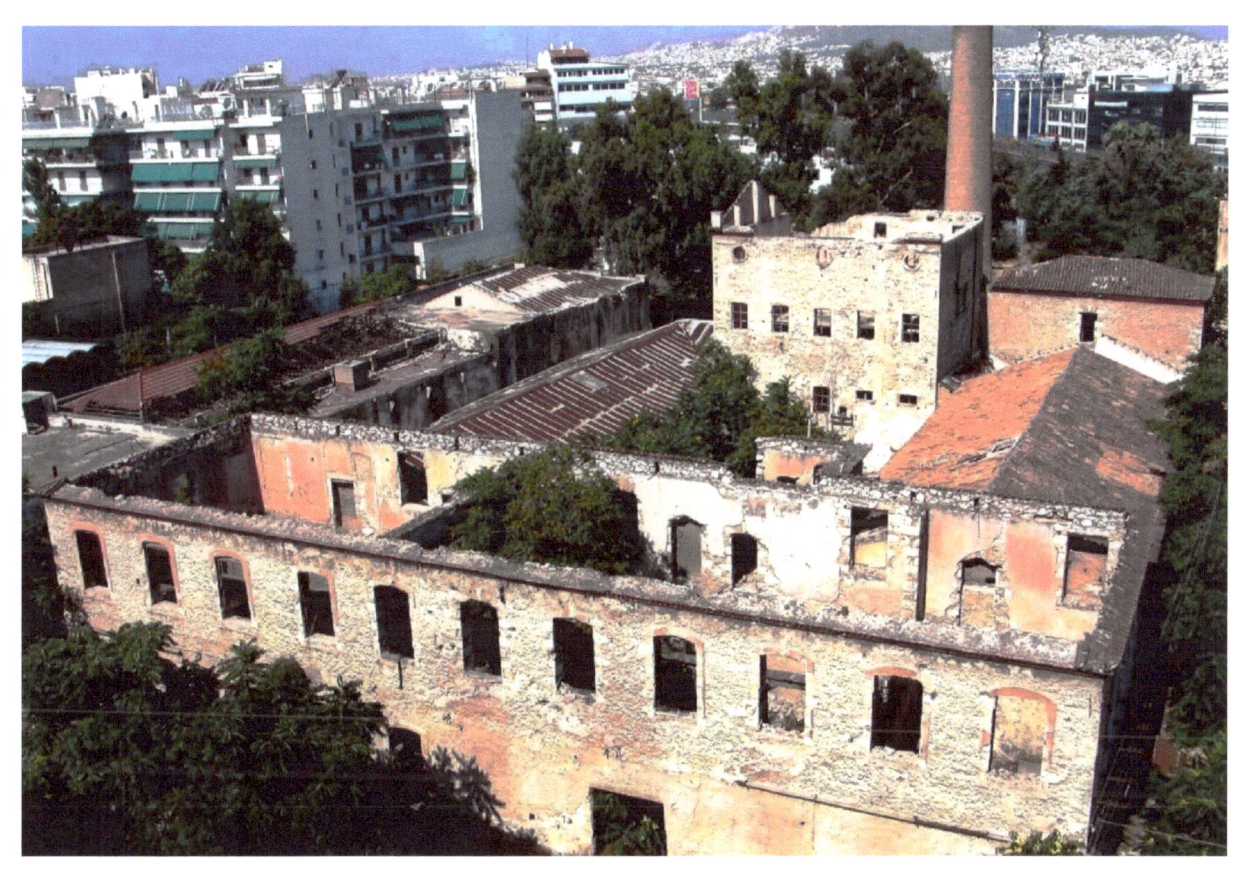

ΠΑΡΑΓΩΓΗ ΕΝΔΥΜΑΤΩΝ

ΓΕΝΙΚΑ ΣΤΟΙΧΕΙΑ

Ο κλάδος της ένδυσης στην Ελλάδα έχει επηρεαστεί δραματικά στα επτά χρόνια της κρίσης κάτι που αποδεικνύεται άλλωστε από τη μείωση της κατανάλωσης κατά 50% και πλέον, ποσοστό που συνεπάγεται απώλεια τζίρου ύψους 4,3 δισ. Ευρώ. Όσον αφορά την Ελλάδα και τις εταιρείες ένδυσης, η παραγωγή ρούχων στη χώρα μας έχει ήδη σταματήσει εδώ και αρκετά χρόνια και στις περισσότερες περιπτώσεις πραγματοποιείται στην Ασία και στα Βαλκάνια. Έχει παρατηρηθεί μια τάση για τις ευρωπαϊκές και αμερικανικές εταιρείες ένδυσης να επιστρέψουν ένα μικρό μέρος της παραγωγής στις χώρες τους. Στην Ελλάδα όμως είναι δύσκολο να συμβεί κάτι αντίστοιχο, καθώς το όλο κλίμα δεν είναι ελκυστικό για επενδύσεις.

ΠΑΡΑΓΩΓΗ ΚΑΙ ΑΠΑΣΧΟΛΗΣΗ

Από τα στοιχεία της ΕΛ.ΣΤΑΤ για την απασχόληση προκύπτει ότι η μεταποίηση από τα τέλη της δεκαετίας του '80, μείωσε σε περισσότερο από το μισό την ικανότητά της να προσφέρει εργασία. Το 1987 αποτελούσε περίπου το 20% της απασχόλησης, ενώ το 2015 έπεσε στο 9,2%. Από το 2000 έως το 2015 οι θέσεις απασχόλησης στην Ένδυση μειώθηκαν πάνω από τέσσερις φορές. Συγκεκριμένα, η Ένδυση το 2000 απασχολούσε 80.975 άτομα και το 2015, 19.046

Στην περίοδο από το 1995 έως το 2013, η Ένδυση είχε μέση αθροιστική συνιστώσα στο ΑΕΠ 0,71% και αποτελούσε το 11,5% της Μεταποίησης. Από τα στοιχεία αυτά προκύπτει ότι ο κλάδος αυτός διαρκώς μειώνει την συμβολή του στην οικονομία της χώρας. Πρέπει να τονιστεί ότι από τα μέσα του 2008 το ευρώ άρχισε να χάνει σε ισοτιμία με το δολάριο και τα προϊόντα υψηλής προστιθέμενης αξίας έγιναν πολύ ανταγωνιστικά στην παγκόσμια αγορά. Επίσης, είναι χαρακτηριστικό ότι, στον κλάδο αυτό διακρίνονται σε επενδύσεις η Ισπανία και η Πορτογαλία, δύο χώρες με παρόμοια προβλήματα με την Ελλάδα.

ΠΗΓΕΣ

http://www.pi-schools.gr/download/lessons/tee/klwstoyfantourgias/profil.pdf

ΠΑΡΑΓΩΓΗ ΕΝΔΥΜΑΤΩΝ

SPRIDER STORES

Το 1971 ιδρύθηκε η εταιρεία Σ. & Ν. Αργυρός Ο.Ε με κύριο αντικείμενο την παραγωγή και διανομή μαγιό και ειδών θαλάσσης από τον ιδρυτή της SPRIDER STORES Α.Ε. κ. Αθανάσιο Αργυρό σε συνεργασία με τον αδελφό του κ. Σπυρίδωνα Αργυρό. Το 1978 ακολουθεί η αποχώρηση από την κοινή εταιρεία του Αθανάσιου Αργυρού και η ίδρυση της ΑΡΓΥΡΟΣ ΑΝΩΝΥΜΟΣ ΕΜΠΟΡΙΚΗ ΚΑΙ ΒΙΟΜΗΧΑΝΙΚΗ ΕΤΑΙΡΕΙΑ ΕΝΔΥΜΑΤΩΝ (SPRIDER STORES Α.Ε.) με έδρα τον Άγιο Δημήτριο και κύριο αντικείμενο την εμπορία μαγιό και αθλητικών ειδών. Δυστυχώς τον Ιανουάριο του 2013 η «Sprider Stores» υπέβαλε αίτημα υπαγωγής στο άρθρο 99. Τον Μάιο απερρίφθη η αίτηση περί υπαγωγής στη διαδικασία εξυγίανσης και λήψης προληπτικών μέτρων, σύμφωνα με τις διατάξεις του άρθρου 99 που είχε καταθέσει η Sprider Stores. Την 1η Οκτωβρίου η SPRIDER STORES προχωρά στην αναστολή λειτουργίας των καταστημάτων της.

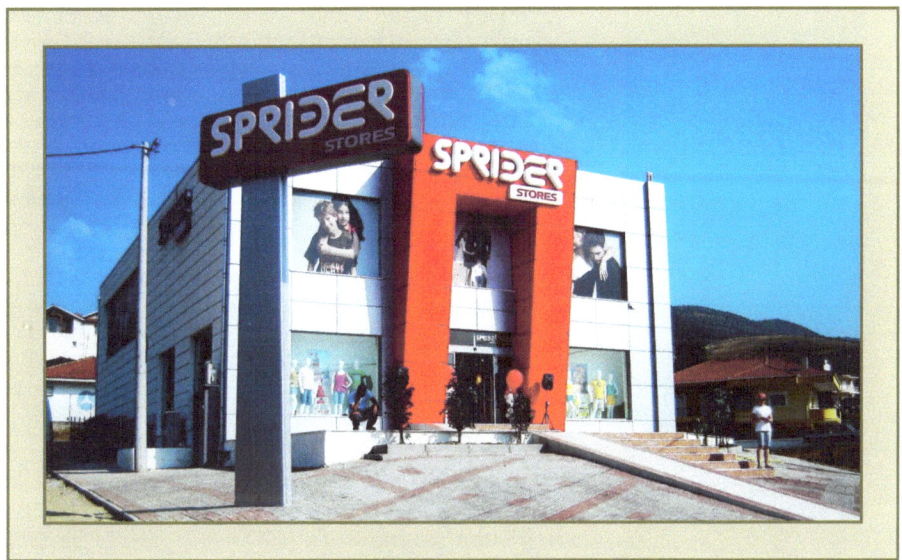

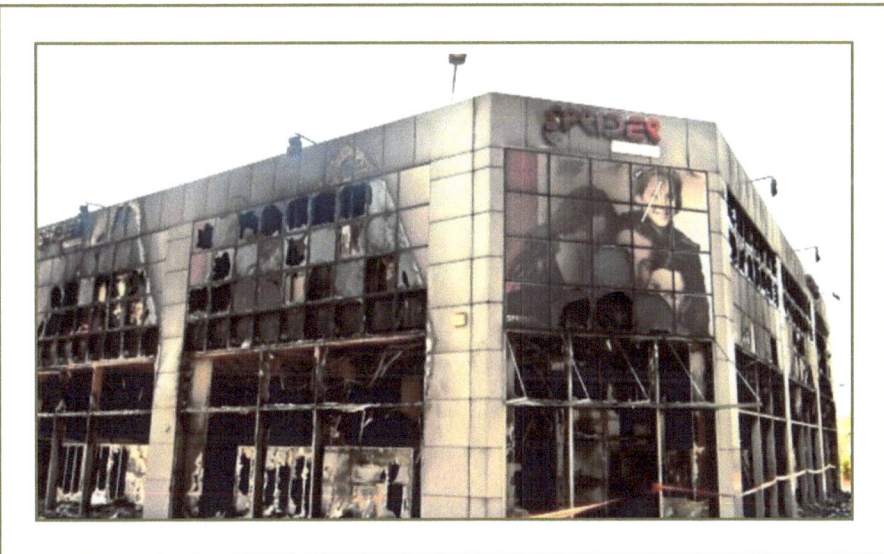

ΠΡΟΪΟΝΤΑ ΥΓΙΕΙΝΗΣ ΚΑΙ ΠΕΡΙΠΟΙΗΣΗΣ

ΓΕΝΙΚΑ ΣΤΟΙΧΕΙΑ

Ο κλάδος των προϊόντων υγιεινής και περιποίησης έχει γνωρίσει μεγάλη ανάπτυξη τα τελευταία χρόνια. Πολλές εταιρείες διανέμουν τα προϊόντα τους τόσο στην Ελλάδα όσο και στο εξωτερικό με μεγάλη επιτυχία. Ο καταναλωτής φυσικών καλλυντικών θεωρεί σημαντική την οικολογική συμπεριφορά των επιχειρήσεων και προτιμά να στηρίζει την αγορά προϊόντων που είναι φιλικά προς το περιβάλλον, δίνοντας ακόμη προσοχή στο αν ένα προϊόν είναι πιστοποιημένο. Οι ελληνικές εταιρίες προϊόντων υγιεινής και περιποίησης στρέφονται στις γειτονικές χώρες και αναπτύσσονται με franchising. Αυτό συμβαίνει γιατί έχει διαπιστωθεί ότι έχει αυξηθεί σημαντικά το εισόδημα των γειτονικών χωρών τα τελευταία χρόνια. Ο παραπάνω λόγος σε συνδυασμό με την μείωση του ενδιαφέροντος κατά 30%-35% στην Ελλάδα λόγω κρίσης, ωθεί το ελληνικό επιχειρείν να βρει διέξοδο και εταίρους εκτός συνόρων

Στη λίστα με τους πιο εξωστρεφείς κλάδους της ελληνικής οικονομίας βρίσκεται αναμφισβήτητα η παραγωγή και η εμπορία των ελληνικών προϊόντων υγιεινής και περιποίησης. Σύμφωνα με την έρευνα της εταιρίας Στατιστικών και Οικονομικών Πληροφοριών Hellastat, οι εταιρίες σ' αυτόν τον κλάδο έχουν καταφέρει να επεκτείνουν με επιτυχία τις πωλήσεις των προϊόντων τους στις αγορές της Ευρώπης, των ΗΠΑ και της Ασίας έχοντας ως αποτέλεσμα σταδιακά ολοένα και μεγαλύτερο κομμάτι του κύκλου εργασιών να προέρχεται από τις αγορές του εξωτερικού

ΠΗΓΕΣ

http://nefeli.lib.teicrete.gr/browse/sdo/mk/2012/KaradimouEirini,KouroupiKonstantina/attached-document-1357895173-83074-31354/Karadimou_Eirini_Kouroupi_Konstantina2012.pdf

ΠΡΟΪΟΝΤΑ ΥΓΙΕΙΝΗΣ ΚΑΙ ΠΕΡΙΠΟΙΗΣΗΣ

ΣΑΠΩΝΟΠΟΙΕΙΟ ΧΑΡΙΛΑΟΥ - ΚΑΝΕΛΛΟΠΟΥΛΟΥ

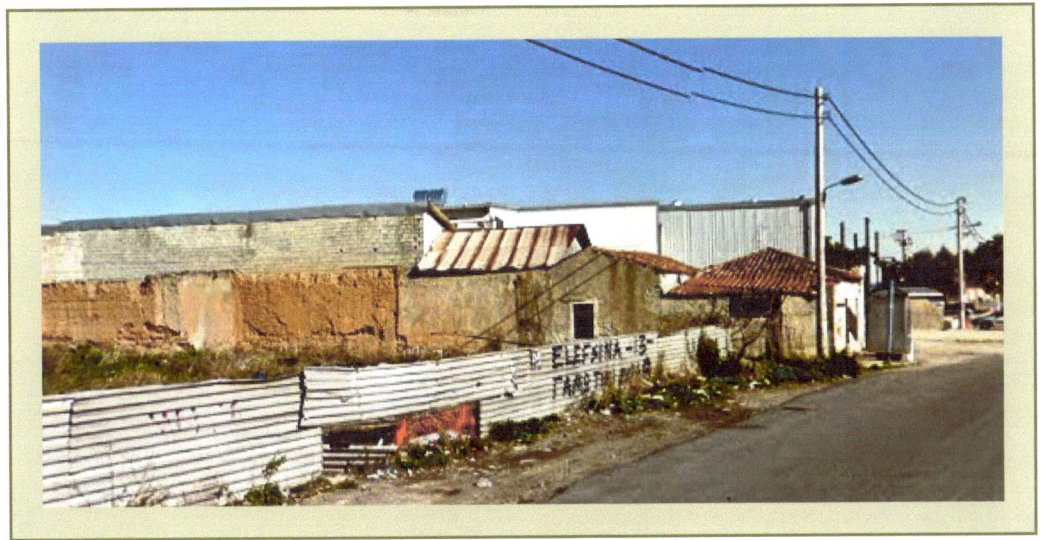

Το Σαπωνοποιείο Χαριλάου ιδρύεται το 1875 από τους αδελφούς Λύσανδρο και Εμμανουήλ Χαριλάου, που έφτασαν από το Γαλάτσι της Ρουμανίας στην Ελευσίνα. Το 1892 ο Επαμεινώνδας Χαρίλαος, χημικός με σπουδές σε Γαλλία και Γερμανία, συνεταιρίζεται με τον επίσης χημικό Νικόλαο Κανελλόπουλο και αγοράζουν το σαπωνοποιείο της Ελευσίνας το οποίο έκτοτε μετονομάστηκε σε «Ε. Χαρίλαος– Ν. Κανελλόπουλος». Το εργοστάσιο, που όταν πρωτολειτούργησε είχε 20 εργάτες, έφτασε στα 1900 να απασχολεί 90 (από τους οποίους 10 γυναίκες) και το 1928 περί τους 250. Η λειτουργία του σταμάτησε στη δεκαετία του 1960.

ΧΗΜΙΚΑ ΠΡΟΪΟΝΤΑ

ΓΕΝΙΚΑ ΣΤΟΙΧΕΙΑ

Θεωρείται από τους πλέον εξωστρεφείς κλάδους της ελληνικής οικονομίας καθώς το 60% της παραγωγής εξάγεται σε χώρες της ΕΕ και σε τρίτες χώρες.

Σύμφωνα με όσα επισημαίνει σε συνέντευξή του στο ΑΠΕ-ΜΠΕ ο Γενικός Διευθυντής του Συνδέσμου Ελληνικών Χημικών Βιομηχανιών, Παναγιώτης Σκαρλάτος ο κλάδος της ελληνικής χημικής βιομηχανίας συμμετέχει κατά 7% στο ΑΕΠ της μεταποίησης, αποτελώντας μοχλό ανάπτυξης, καθώς προσφέρει θέσεις εργασίας και συνεισφέρει σημαντικά στη βελτίωση του εμπορικού ισοζυγίου με την αύξηση των εξαγωγών, οι οποίες ξεπέρασαν τα προ κρίσης επίπεδα.

Ο κ. Σκαρλάτος στη συνέντευξή του στο ΑΠΕ-ΜΠΕ επισημαίνει την αναγκαιότητα ανάπτυξης βιομηχανικής πολιτικής, με στόχο την ενθάρρυνση νέων επενδύσεων στον τομέα της μεταποίησης, την αντιμετώπιση της γραφειοκρατίας, καθώς και την αποτελεσματικότερη εποπτεία της αγοράς και των προϊόντων, η οποία μπορεί να προσφέρει αναπτυξιακή προοπτική στην ελληνική οικονομία.

Στον κλάδο της χημικής βιομηχανίας δραστηριοποιούνται περίπου 400 επιχειρήσεις κυρίως Μικρομεσαίες. Η αξία της παραγωγής ανέρχεται σε 2,4 δισ. ευρώ, ενώ απασχολούνται άμεσα 13.000 εργαζόμενοι.

Ο κλάδος συμμετέχει κατά 7% στο ΑΕΠ της μεταποίησης και δαπανά το 0,8% για έρευνα και ανάπτυξη. Επίσης η χημική βιομηχανία με τις υπηρεσίες και τα προϊόντα της, πέραν των προϊόντων που προσφέρει στον καταναλωτή, υποστηρίζει σημαντικούς κλάδους της ελληνικής οικονομίας όπως Γεωργία, Φαρμακοβιομηχανία, Βιομηχανία Τροφίμων, Τουρισμός, Βιομηχανία Μετάλλων, κ.α., αποτελεί μοχλό ανάπτυξης, προσφέροντας θέσεις εργασίας και συνεισφέροντας σημαντικά στη βελτίωση του εμπορικού ισοζυγίου με την αύξηση των εξαγωγών.

Η κρίση για τη βιομηχανία ξεκίνησε το 2008. Έως το 2012 η χημική βιομηχανία υποχώρησε κατά 26%, χάθηκαν 21% των θέσεων εργασίας, οι επενδύσεις μειώθηκαν κατά 62%. Οι επιχειρήσεις μας προσαρμόσθηκαν και λειτούργησαν εξωστρεφώς. Τα τελευταία δύο χρόνια ο κύκλος εργασιών σταθεροποιήθηκε στα επίπεδα του 2006.

Αν και σε οικονομικούς όρους η ανταγωνιστικότητα της ελληνικής χημικής βιομηχανίας υστερεί, ωστόσο παράγει προϊόντα εφάμιλλα των ευρωπαϊκών που εφαρμόζουν την αυστηρή ευρωπαϊκή νομοθεσία και είναι πιστοποιημένα (CE, eco-label κλπ.).

Τα εργοστάσια είναι πιστοποιημένα με τα συστήματα διαχείρισης ISO 9001 για την ποιότητα, 14001 για την περιβαλλοντική διαχείριση, 50001 για την εξοικονόμηση ενέργειας, OHSAS 18001 για την ασφάλεια και υγιεινή. Οι χημικές επιχειρήσεις έχουν υιοθετήσει το παγκόσμιο πρόγραμμα RESPONSIBLE CARE για την ασφάλεια, υγιεινή και προστασία του καταναλωτή.

ΠΗΓΕΣ

http://ecopress.gr/?p=2734
Συνέντευξη του Γενικού Διευθυντή του Συνδέσμου Ελληνικών Χημικών Βιομηχανιών στο ΑΠΕ-ΜΠΕ

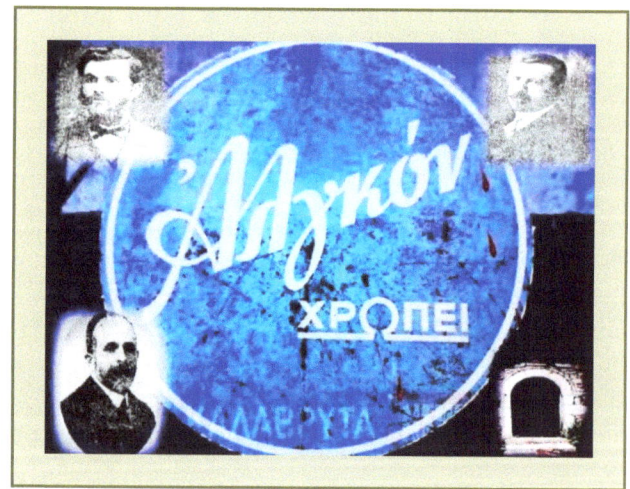

ΧΗΜΙΚΑ ΠΡΟΪΟΝΤΑ

ΧΡΩΠΕΙ

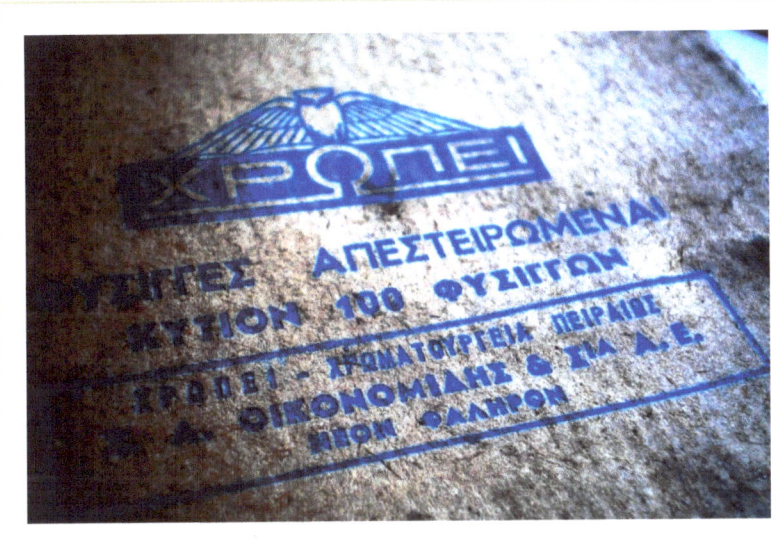

Ιδρύθηκε το 1883, αρχικά ως μικρή ομόρρυθμη εταιρεία με την επωνυμία «Σπήλιος Οικονομίδης και Σία». Το 1899, τέθηκε ο θεμέλιος λίθος των εγκαταστάσεών της στο Νέο Φάληρο. Μέσα σε λίγα χρόνια από τη λειτουργία της, η ΧΡΩΠΕΙ κατέκτησε ηγετική θέση σε ολόκληρο τον κλάδο της ελληνικής χρωματουργίας σε μια περίοδο κατά την οποία η παραγωγή συνθετικών χρωστικών υλών αποτελούσε για την ελληνική και ευρωπαϊκή αγορά, κεντρική δραστηριότητα. Δυστυχώς στις αρχές του '80 εντάσσεται στις προβληματικές επιχειρήσεις και κλείνει οριστικά το 1989.

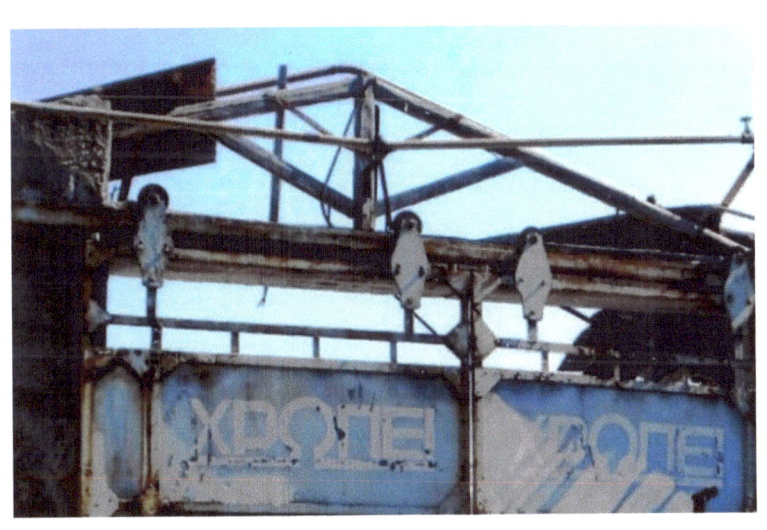

ΧΗΜΙΚΑ ΠΡΟΪΟΝΤΑ

ΙΡΙΣ

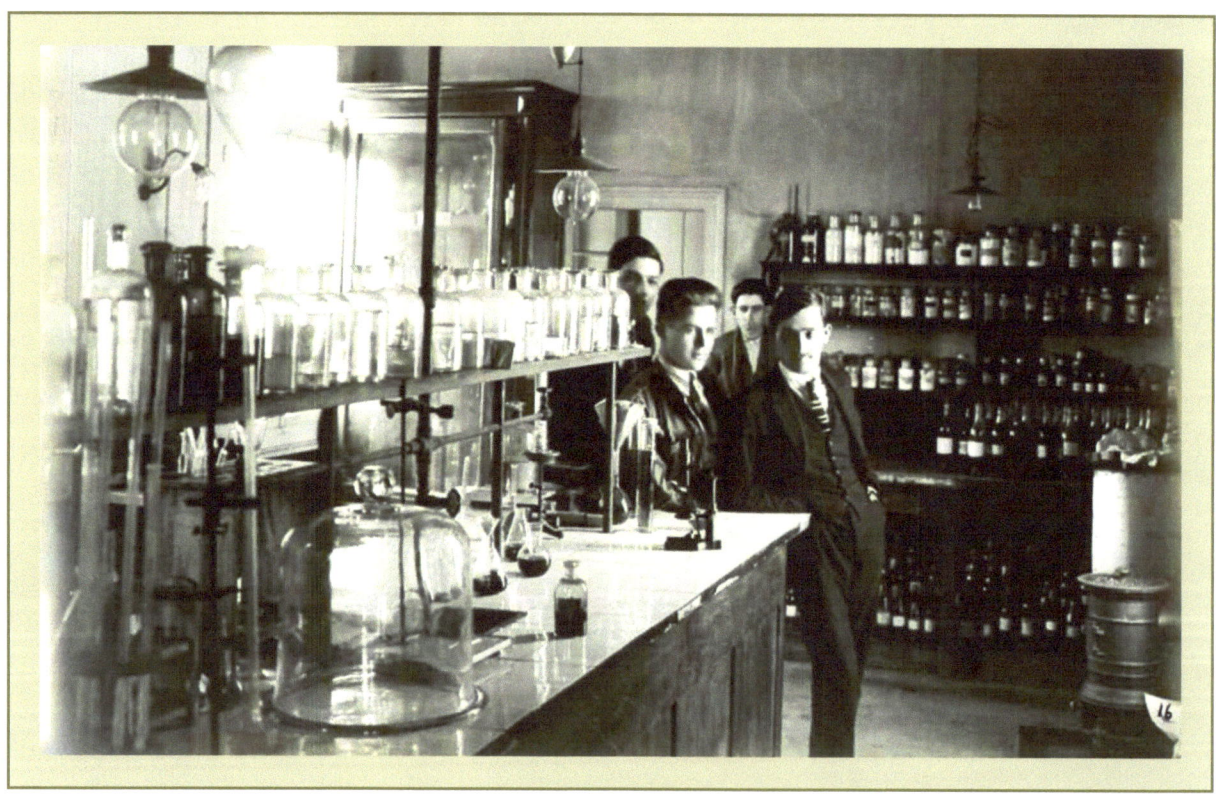

ΧΗΜΙΚΑ ΠΡΟΪΟΝΤΑ

Το 1925 ιδρύθηκε από τον Μενέλαο Σακελαρίου, η πρώτη βιομηχανία βερνικοχρωμάτων στην Ελλάδα, με την επωνυμία «Χημικό Εργοστάσιο Χρωμάτων και Βερνικιών "ΙΡΙΣ" Ε. Ε. - Μενέλαος Σακελαρίου και Σία». Πρώτη ύλη το ρετσίνι. Περίοδος ακμής η δεκαετία του 1950. Έκλεισε λίγο πριν το 1970.

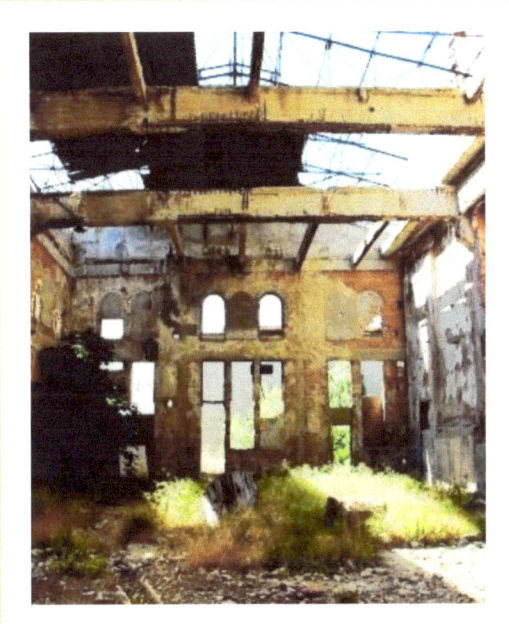

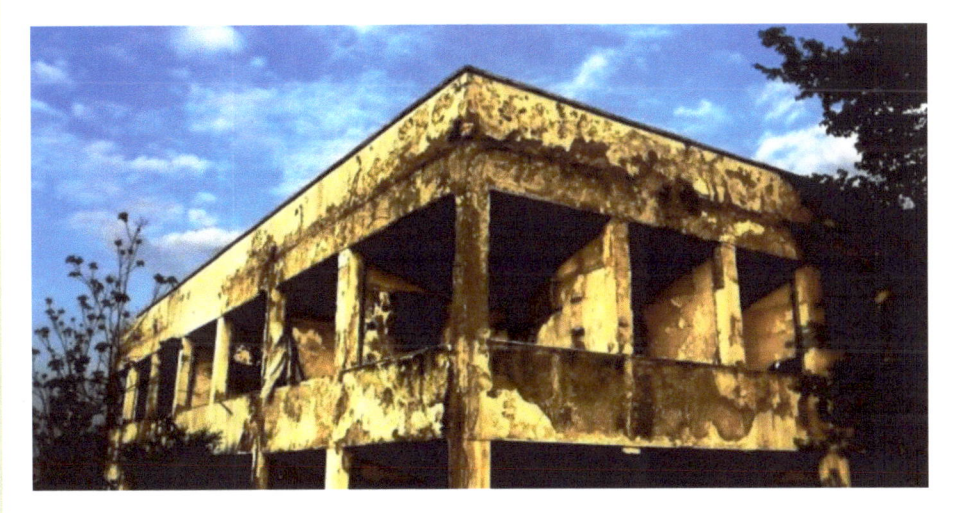

ΧΗΜΙΚΑ ΠΡΟΪΟΝΤΑ

ΕΡΓΟΣΤΑΣΙΟ ΛΙΠΑΣΜΑΤΩΝ ΣΤΗ ΔΡΑΠΕΤΣΩΝΑ

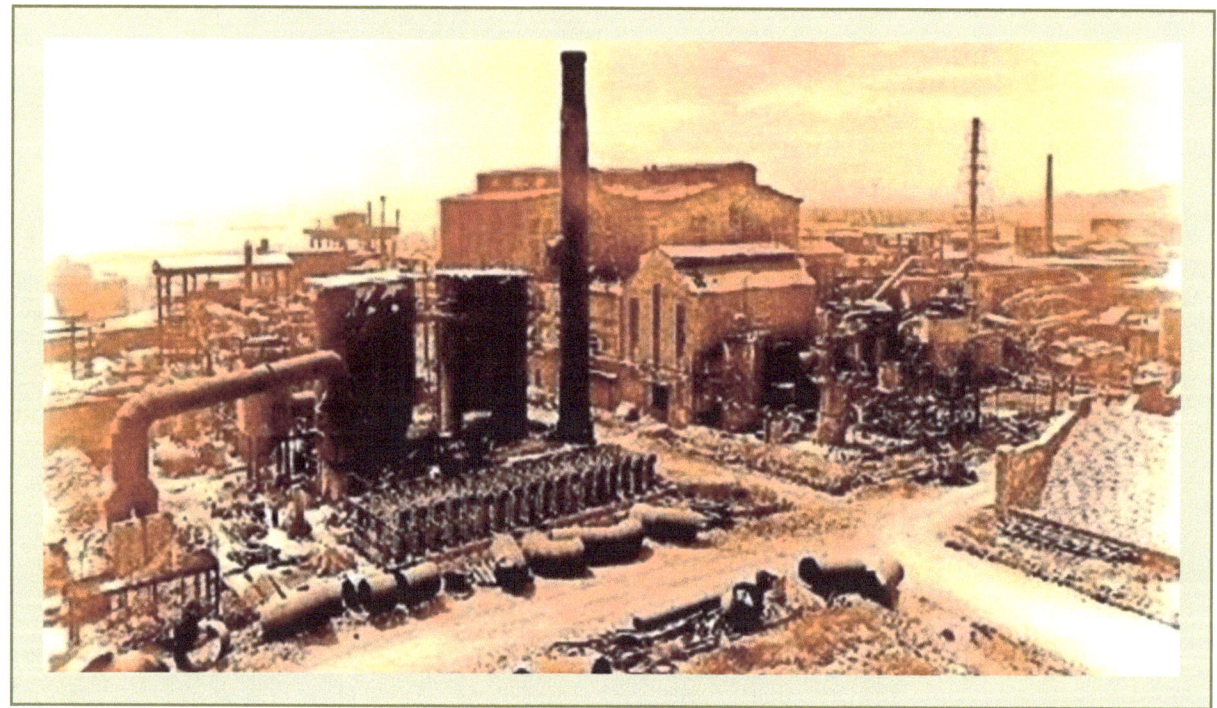

Η εταιρεία ιδρύθηκε το 1909. Το εργοστάσιο εκτείνεται σε μια περιοχή συνολικώς 245 στρεμμάτων, διαθέτοντας όταν λειτουργούσε, μια δομημένη επιφάνεια 146.000 τμ με 109 ενεργές μονάδες παραγωγής οξέων, λιπασμάτων και φυτοφαρμάκων, μονοπωλώντας τη σχετική παραγωγή. Το 1934 ο αριθμός των εργατών του φτάνει στις 4.000 άτομα. Το 2003 κατεδαφίστηκε το μεγαλύτερο τμήμα των εγκαταστάσεων.

ΧΗΜΙΚΑ ΠΡΟΪΟΝΤΑ

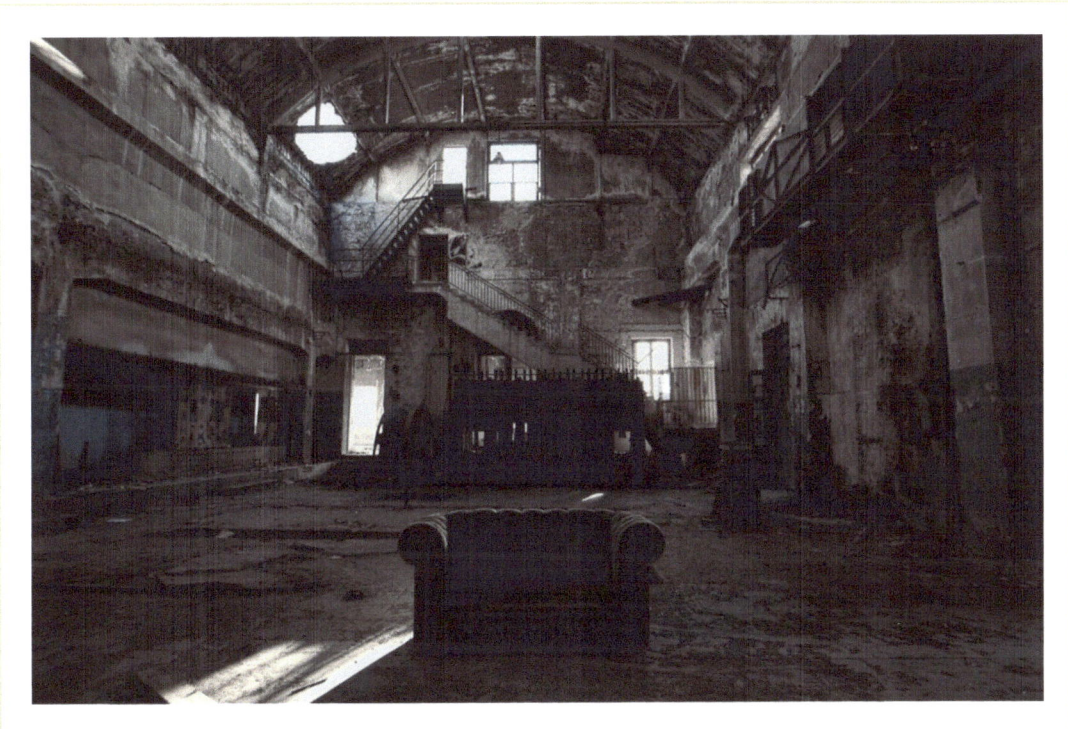

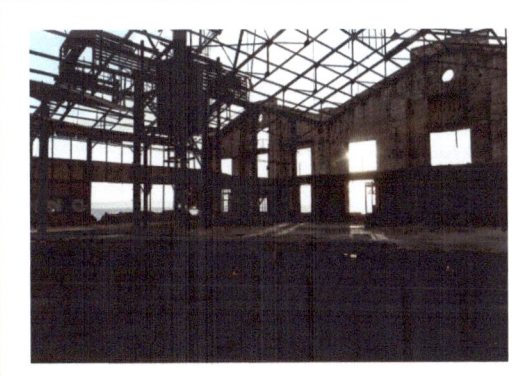
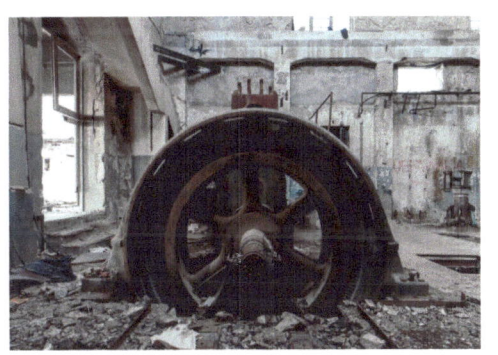

ΠΑΡΑΓΩΓΗ ΠΛΑΣΤΙΚΩΝ ΕΙΔΩΝ

ΠΑΡΑΓΩΓΗ ΚΑΙ ΑΠΑΣΧΟΛΗΣΗ

Οι επιχειρήσεις του κλάδου κατασκευής πλαστικών ειδών στην Ελλάδα το 2001 ανέρχονταν στις 191 με 9.336 απασχολούμενους και μέσο μέγεθος ανά επιχείρηση τα 49 άτομα. Η ακαθάριστη αξία παραγωγής και η προστιθέμενη αξία παραγωγής του κλάδου ήταν 692 MUSD και 278 MUSD αντίστοιχα. Τα περισσότερα μεγέθη του κλάδου ακολουθούν ανοδική πορεία, με μικρές εξαιρέσεις που οφείλονται στη μείωση της απασχόλησης, εξαιτίας της μείωσης του αριθμού των επιχειρήσεων του κλάδου. Παρά τη μείωση όμως των παραγωγικών μονάδων του κλάδου, υπάρχει αύξηση στις πωλήσεις του κλάδου με μέσο ετήσιο ρυθμό 1,06%. Επίσης ο όγκος παραγωγής του κλάδου παρουσιάζει αύξηση της τάξης του 9% ετησίως. Η έντονη εσωστρέφεια που υπάρχει σε πολλούς κλάδους της ελληνικής οικονομίας συναντάται και στον κλάδο των πλαστικών και φαίνεται με το ελλειμματικό εμπορικό ισοζύγιο. Οι εξαγωγές το 2001 ξεπέρασαν τα 145 MUSD με τις συνολικές ροές εμπορίου να ξεπερνούν τα 300 MUSD. Αντίστοιχη εικόνα αλλά με πολλαπλάσια μεγέθη εμφανίζουν οι εισαγωγές των πλαστικών. Οι εισαγωγές τόσο σε αξία όσο και σε ποσότητα το διάστημα 1997-2001 ακολουθούν ανοδική πορεία με μικρά διαστήματα κάμψης.

ΠΗΓΕΣ

http://www.elinyae.gr/el/lib_file_upload/diamorfPlastikonNew3.1191569021122.pdf

ΠΑΡΑΓΩΓΗ ΠΛΑΣΤΙΚΩΝ ΕΙΔΩΝ

Α.Γ ΠΕΤΖΕΤΑΚΙΣ Α.Ε

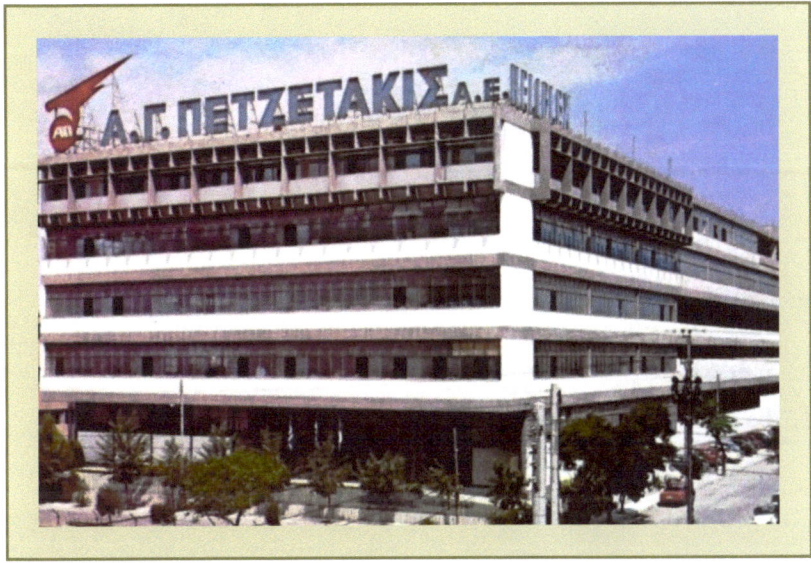

Η «Α.Γ. Πετζετάκις Α.Ε.» ιδρύθηκε το 1960 από τον Αριστόβουλο Πετζετάκη και τα προϊόντα της, οι εύκαμπτοι σωλήνες ενισχυμένοι από σκληρό σπειροειδές PVC, έγιναν παγκοσμίως γνωστά. Επισήμως, η «Πετζετάκις» τέθηκε σε κατάσταση πτώχευσης στα μέσα Δεκεμβρίου του 2015. Η ζοφερή κατάσταση της κρίσης στην εταιρεία είχε ξεκινήσει πολλά χρόνια νωρίτερα, αλλά κλιμακώθηκε τον Νοέμβριο του 2011 όταν συνελήφθη ο 47χρονος τότε βιομήχανος Γιώργος Πετζετάκης για χρέη στο Δημόσιο.

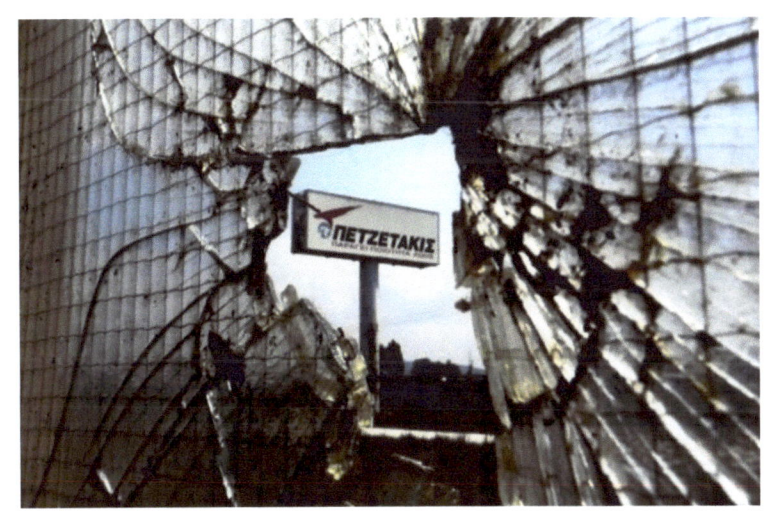

ΠΑΡΑΓΩΓΗ ΕΝΕΡΓΕΙΑΣ

ΓΕΝΙΚΑ ΣΤΟΙΧΕΙΑ

Στην Ελλάδα, ο ορυκτός της πλούτος (λιγνίτης) καθώς και το ανανεώσιμο ενεργειακό της δυναμικό έχουν βοηθήσει ιδιαίτερα την ανάπτυξη της εθνικής οικονομίας. Σχεδόν το μισό της παραγωγής ηλεκτρικής ενέργειας της ΔΕΗ βασίζεται στο λιγνίτη. Ωστόσο η παραγωγή λιγνίτη από τα ορυχεία της ΔΕΗ και το ποσοστό συμμετοχής του στο ενεργειακό μείγμα ΑΕ μειώνεται σταδιακά. Το 12% της ηλεκτρικής ενέργειας στην Ελλάδα προέρχεται από τα υδροηλεκτρικά εργοστάσια παραγωγής ενέργειας και ένα άλλο 20% από το φυσικό αέριο.

ΧΩΡΟΤΑΞΙΑ ΚΑΙ ΠΡΟΙΟΝΤΑ

Εντός του 2013, ξεκίνησε από τη ΔΕΗ ΑΕ η διάνοιξη του νέου ορυχείου της Λακκιάς (όμορο με εκείνο του Αμυνταίου) με απολήψιμα αποθέματα πάνω από 40 εκατ. τον. λιγνίτη. Με βάση τα ανωτέρω δεδομένα η χώρα μας διατηρεί τη θέση της ως μία από τις μεγαλύτερες παραγωγούς λιγνίτη στην ΕΕ. Επίσης, από τα λιγνιτωρυχεία εκτός της ΔΕΗ ΑΕ, κυρίως το ορυχείο της Αχλάδας, Προσηλίου και των Σερβίων Κοζάνης καθώς και ορισμένα μικρότερα λιγνιτωρυχεία που έχουν παραχωρηθεί σε ιδιώτες, παρήχθησαν συνολικά περίπου 2,8 εκατ. τον. (έναντι 1,4 εκατ. τον. για το 2013) που επίσης διατέθηκαν σε μεγάλο βαθμό στις μονάδες ηλεκτροπαραγωγής.

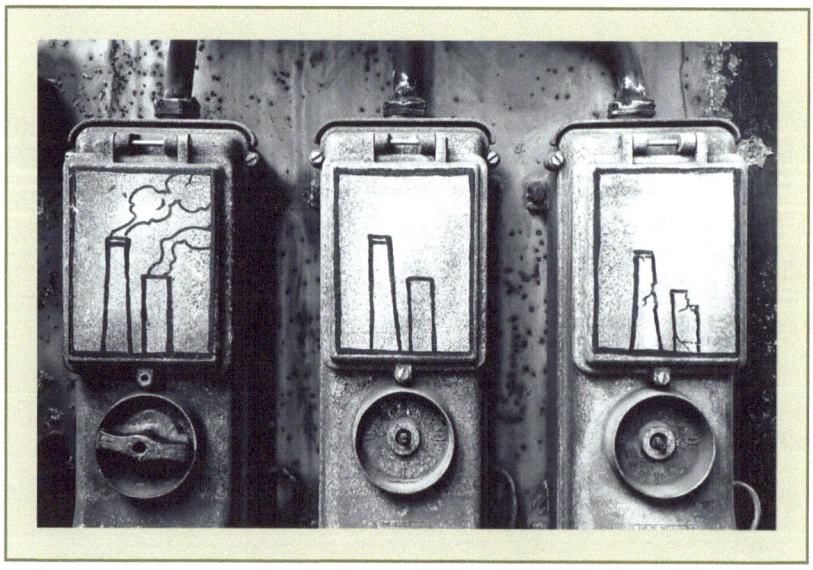

ΠΑΡΑΓΩΓΗ ΚΑΙ ΑΠΑΣΧΟΛΗΣΗ

Ως αποτέλεσμα των κακών περιβαλλοντικών επιπτώσεων του λιγνίτη, η παραγωγή του από τα ορυχεία της ΔΕΗ ΑΕ μειώνεται σταδιακά ενώ παράλληλα μειώνεται και το ποσοστό συμμετοχής του στο ενεργειακό μείγμα ηλεκτροπαραγωγής της χώρας. Η παραγωγή πετρελαίου και φυσικού αερίου από τα κοιτάσματα της περιοχής του Πρίνου για το 2014 παρουσίασε πτώση σε σχέση με τα επίπεδα του 2013. Η παραγωγή λιγνίτη από τα ορυχεία της ΔΕΗ ΑΕ υπερέβη τους 48 εκατ. τον. (για το 2014) μειωμένη κατά 12,5% από τους 54 εκατ. τον. (για το 2013) ποσότητα που επίσης είναι μειωμένη κατά 14,5% από τους 61,7 εκατ. τον. (για το 2012).

ΠΗΓΕΣ

http://users.itia.ntua.gr/nikos/energy/Karagiannis15.pdf
http://library.tee.gr/digital/kma/kma_m1532/kma_m1532_kouskouridis.pdf

http://repository.library.teimes.gr/xmlui/bitstream/handle/123456789/699/EPDO_0358.pdf?sequence=1

http://www.latomet.gr/ypan/Hypertrak/BinaryContent.aspx?pagenb=18561

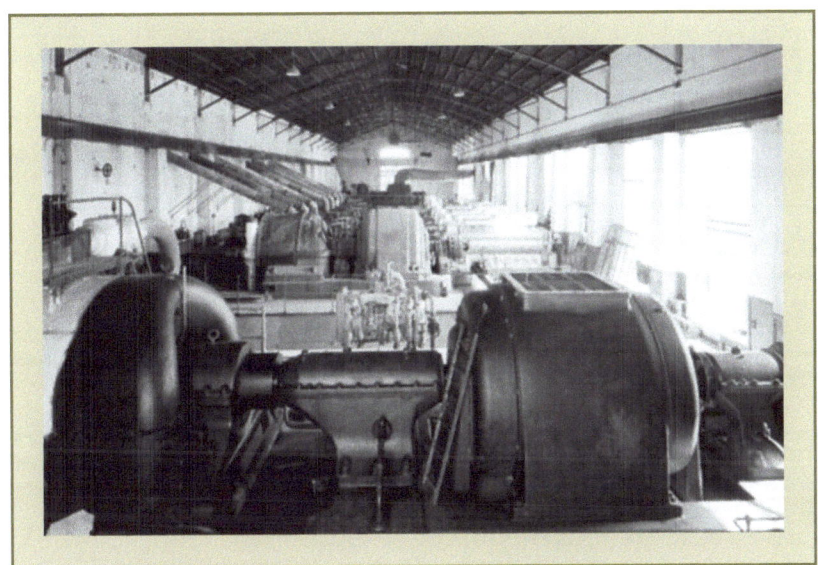

ΠΑΡΑΓΩΓΗ ΕΝΕΡΓΕΙΑΣ

ΓΚΑΖΙ - ΦΩΤΑΕΡΙΟ

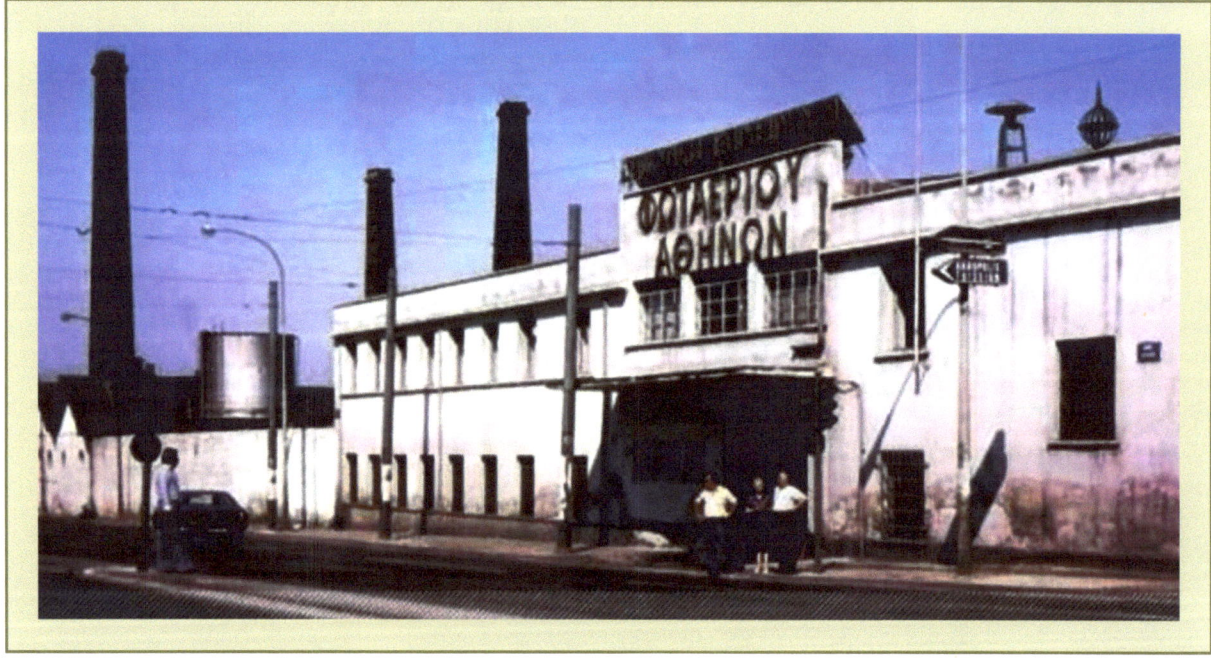

Το 1857 ο γάλλος Φραγκίσκος Φεράλδι (Francois Theophile Feraldi) αναλαμβάνει το έργο του φωτισμού της Αθήνας με φωταέριο. Ο δήμος Αθηναίων παραχωρεί στο γάλλο επιχειρηματία το προνόμιο της εκμετάλλευσης του φωταερίου για 50 χρόνια. Έκτοτε, το φωταέριο θα φωτίσει τους αθηναϊκούς δρόμους για περίπου 60 χρόνια.

Το 1887 ο Ιωάννης Σερπιέρι (Giovanni Baptista Serpieri) αναλαμβάνει τη διοίκηση του εργοστασίου. Μια περίοδος ακμής αρχίζει για τη μικρή μονάδα φωταερίου της Αθήνας. Αεριοφυλάκια, ατμολέβητες, ατμομηχανές, μονάδες καθαρισμού και άλλα κτίρια ξεπηδούν σταδιακά μέσα στο οικόπεδο έκτασης περίπου 30 στρεμμάτων. Η ανάπτυξη αυτή συνδέεται με την επέκταση της χρήσης του φωταερίου ως μορφής ενέργειας στα σπίτια και στα εργοστάσια.

Το 1938 η επιχείρηση περιέρχεται στο δήμο Αθηναίων.
Το 1952 ιδρύεται η Δημοτική Επιχείρηση Φωταερίου Αθηνών (Δ.Ε.Φ.Α).
Μεταπολεμικά το φωταέριο χάνει συνεχώς έδαφος σε σχέση με τον ηλεκτρισμό και τις νέες μορφές ενέργειας.
Οι φούρνοι του εργοστασίου φωταερίου έσβησαν οριστικά το 1984.
Το 1986 ο χώρος χαρακτηρίζεται διατηρητέο ιστορικό μνημείο από το Υπουργείο Πολιτισμού και ξεκινούν μελέτες για την αξιοποίησή του.

Το 1999 φιλοξενήθηκαν οι πρώτες καλλιτεχνικές εκδηλώσεις στις εγκαταστάσεις του εργοστασίου. Η Τεχνόπολη του δήμου Αθηναίων θα καθιερωθεί στο εξής ως ένας από τους πιο αναγνωρισμένους χώρους πολιτισμού της πρωτεύουσας.
Το 2013 εγκαινιάζεται το Βιομηχανικό Μουσείο Φωταερίου ανοίγοντας μία καινούρια σελίδα στην ιστορία του παλαιού εργοστασίου.

ΠΑΡΑΓΩΓΗ ΕΝΕΡΓΕΙΑΣ

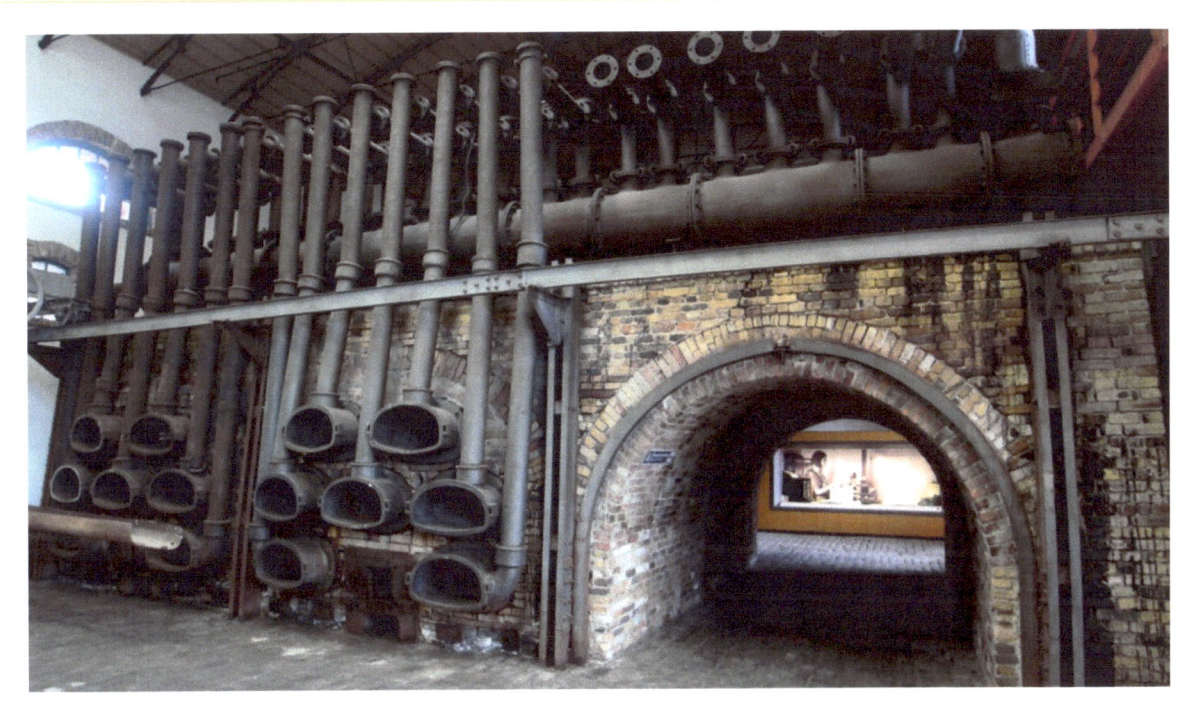

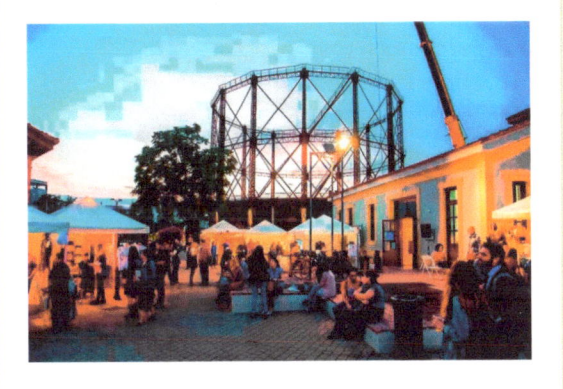

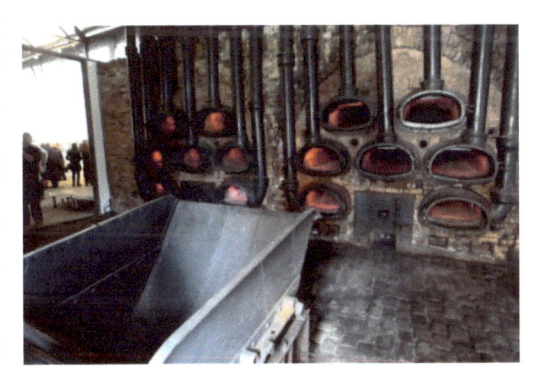

ΠΑΡΑΓΩΓΗ ΕΝΕΡΓΕΙΑΣ

ΠΕΤΡΟΛΑ Α.Ε.

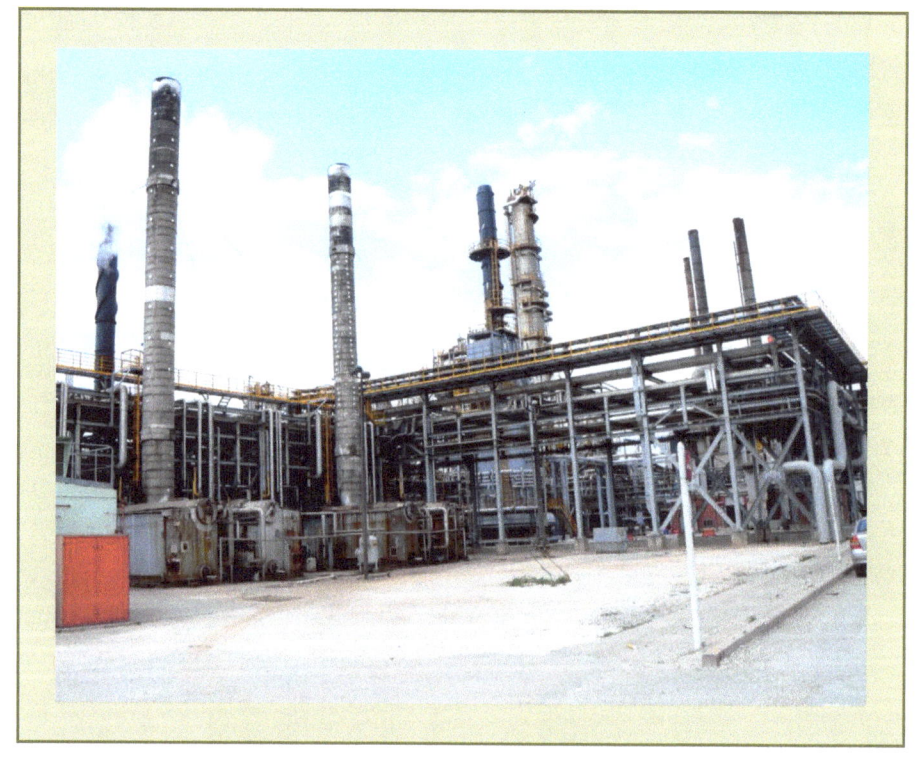

ΠΑΡΑΓΩΓΗ ΕΝΕΡΓΕΙΑΣ

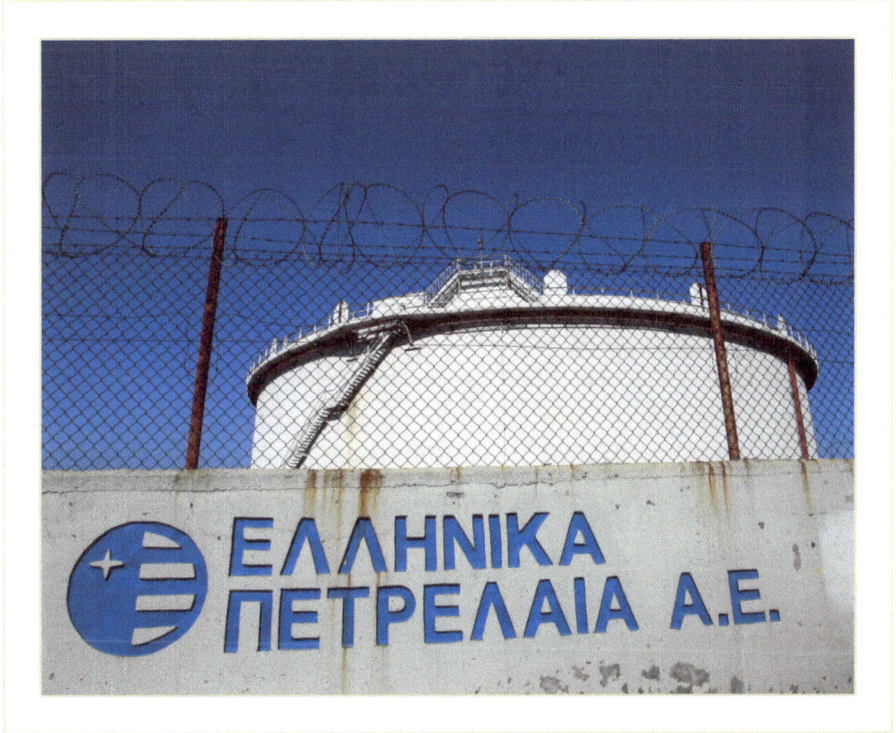

Το 1973 ξεκινά τις δραστηριότητές της η ΠΕΤΡΟΛΑ Α.Ε. Καταλαμβάνει χώρο 1.800 στρεμμάτων. Έχει 84 δεξαμενές αποθήκευσης πετρελαιοειδών, συνολικού όγκου 3.600 κυβικών μέτρων. Τα απόβλητα του εργοστασίου, δίνουν τη χαριστική βολή σε θάλασσα και αέρα της περιοχής της Ελευσίνας.

Το 2003 εξαγοράζεται από τα κρατικά ΕΛΠΕ προκαλώντας τις σφοδρές αντιδράσεις της ανταγωνίστριας MOTOR OIL.

ΧΑΛΥΒΟΥΡΓΙΑ

ΓΕΝΙΚΑ ΣΤΟΙΧΕΙΑ

Από στοιχεία της Ενωσης Χαλυβουργιών Ελλάδος προκύπτει ότι το 2013 η εσωτερική κατανάλωση έπεσε στο χαμηλότερο σημείο των τελευταίων 50 χρόνων. Η αγορά έχει συρρικνωθεί κατά 85% σε σχέση με την προ της κρίσης εποχή. Από την άλλη πλευρά, τόσο η Χαλυβουργική όσο και οι άλλες βιομηχανίες του κλάδου δεν μπόρεσαν να ενισχύσουν τις εξαγωγές τους, αφού το υψηλό κόστος ενέργειας, βασική παράμετρος διαμόρφωσης του κόστους για τις μεγάλες ενεργοβόρες βιομηχανίες, δεν τους επιτρέπει την παραγωγή προϊόντων σε διεθνώς ανταγωνιστικές τιμές

ΠΑΡΑΓΩΓΗ ΚΑΙ ΑΠΑΣΧΟΛΗΣΗ

Τη συμβολή της εξορυκτικής βιομηχανίας στην ελληνική οικονομία σε όρους ΑΕΠ και απασχόλησης, καθώς και τις μεγάλες προοπτικές ανάπτυξης του κλάδου επισημαίνει σε μελέτη του το Ίδρυμα Οικονομικών και Βιομηχανικών Ερευνών (ΙΟΒΕ), που έγινε με τη συνδρομή του Συνδέσμου Μεταλλευτικών Επιχειρήσεων (ΣΜΕ). Η μελέτη καταδεικνύει την ιδιαίτερη σημασία της εξόρυξης για τη χώρα, καθώς χρησιμοποιεί εγχώριους πόρους και ταυτόχρονα παρουσιάζει έντονη εξωστρέφεια. Επιπλέον, η εξόρυξη παρέχει εκείνες τις ορυκτές πρώτες ύλες που διευκολύνουν την ανάπτυξη άλλων σημαντικών παραγωγικών δραστηριοτήτων στη χώρα, όπως η ηλεκτροπαραγωγή, η βασική μεταλλουργία, η παραγωγή τσιμέντου και οι κατασκευές, συμβάλλοντας επομένως και με αυτό τον τρόπο στην ενδυνάμωση της ελληνικής οικονομίας. Συνυπολογίζοντας και τις έμμεσες επιδράσεις στους κλάδους που συμμετέχουν στην αλυσίδα εφοδιασμού της εξορυκτικής βιομηχανίας, η συνολική συμβολή της εξορυκτικής βιομηχανίας στο ΑΕΠ ανέρχεται σε 4,1 δισ. ευρώ (2,7 δισ. ευρώ από εξορυκτικές δραστηριότητες και το υπόλοιπο 1,4 δισ. ευρώ από τη μεταποίηση βασικών μετάλλων και τσιμέντου με εγχώριες ορυκτές πρώτες ύλες) που αντιστοιχεί στο 2,2% του ΑΕΠ. Εάν ληφθεί υπόψη και η ηλεκτροπαραγωγή με καύση λιγνίτη, η οποία δεν θα ήταν εφικτή χωρίς τη στήριξη του εξορυκτικού τομέα, η συμβολή στο ΑΕΠ ανέρχεται σε 6,2 δισ. ευρώ ή 3,4% του ΑΕΠ. Σε όρους απασχόλησης, η συμβολή της εξορυκτικής βιομηχανίας εκτιμάται αντίστοιχα σε 84.000 θέσεις πλήρους απασχόλησης που αντιστοιχούν στο 2,2% της εγχώριας απασχόλησης και σε 118.000 θέσεις εργασίας ή το 3,4% της εγχώριας απασχόλησης εάν ληφθεί υπόψη και η ηλεκτροπαραγωγή με λιγνίτη.

ΠΗΓΕΣ

https://energypress.gr/news/giati-vazei-loyketo-i-halyvoyrgia-ellados
http://www.hlv.gr/index.php/el/company/history

ΧΑΛΥΒΟΥΡΓΙΑ

ΧΑΛΥΒΟΥΡΓΙΚΗ Α. Ε.

Το 1953 αρχίζει η λειτουργία της Χαλυβουργικής Α. Ε. Το ξεκίνημα της επιχείρησης έγινε το 1925, όταν ο ιδρυτής Θ. Αγγελόπουλος και τα παιδιά του ασκούσαν εμπόριο σιδήρου. Το 1932 η έδρα ήταν στον Πειραιά και είχε την επωνυμία "Ελληνικά Συρματουργεία Θ. Αγγελόπουλος και Υιοί". Η Χαλυβουργική ξεκίνησε με 600 περίπου εργαζόμενους και στη δεκαετία του 1970 έφθασε τους 2.700.

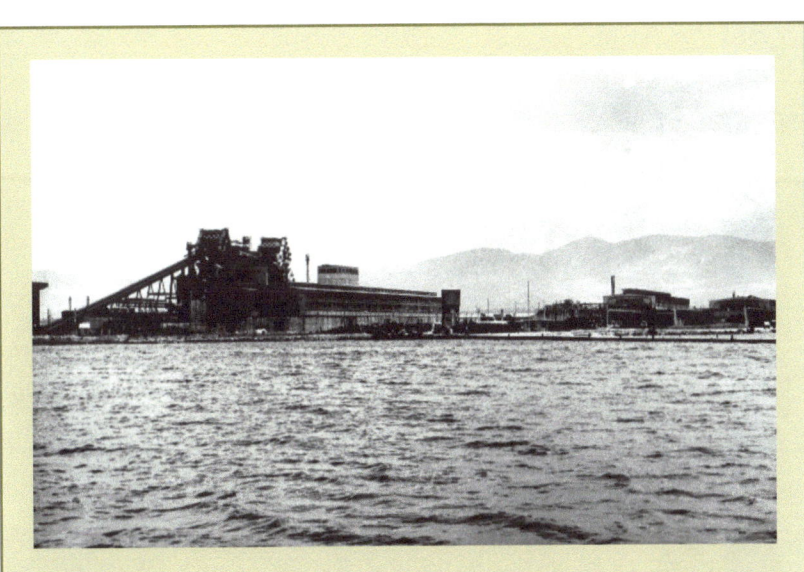

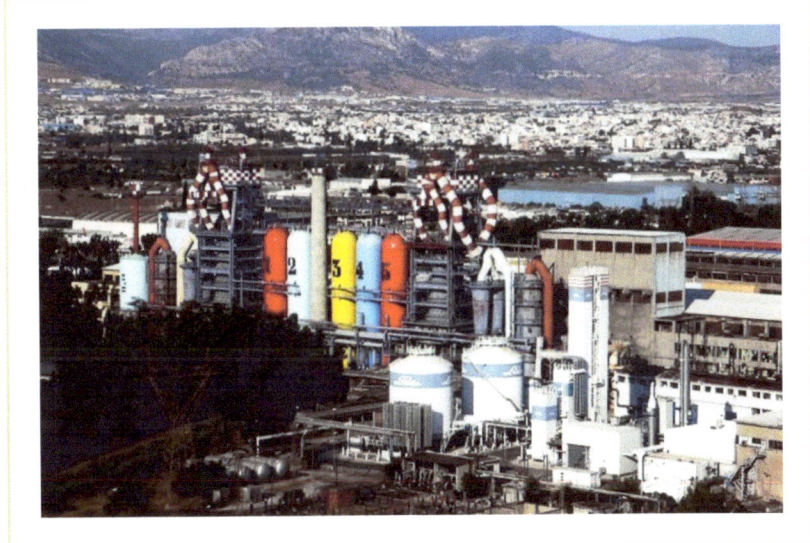

ΧΑΛΥΒΟΥΡΓΙΑ

ΧΑΛΥΒΟΥΡΓΙΑ ΕΛΛΑΔΟΣ

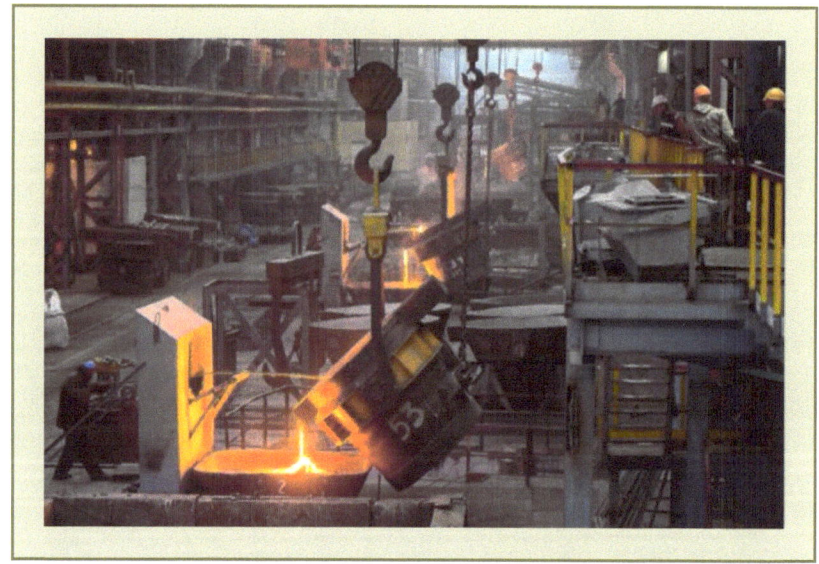

ΧΑΛΥΒΟΥΡΓΙΑ

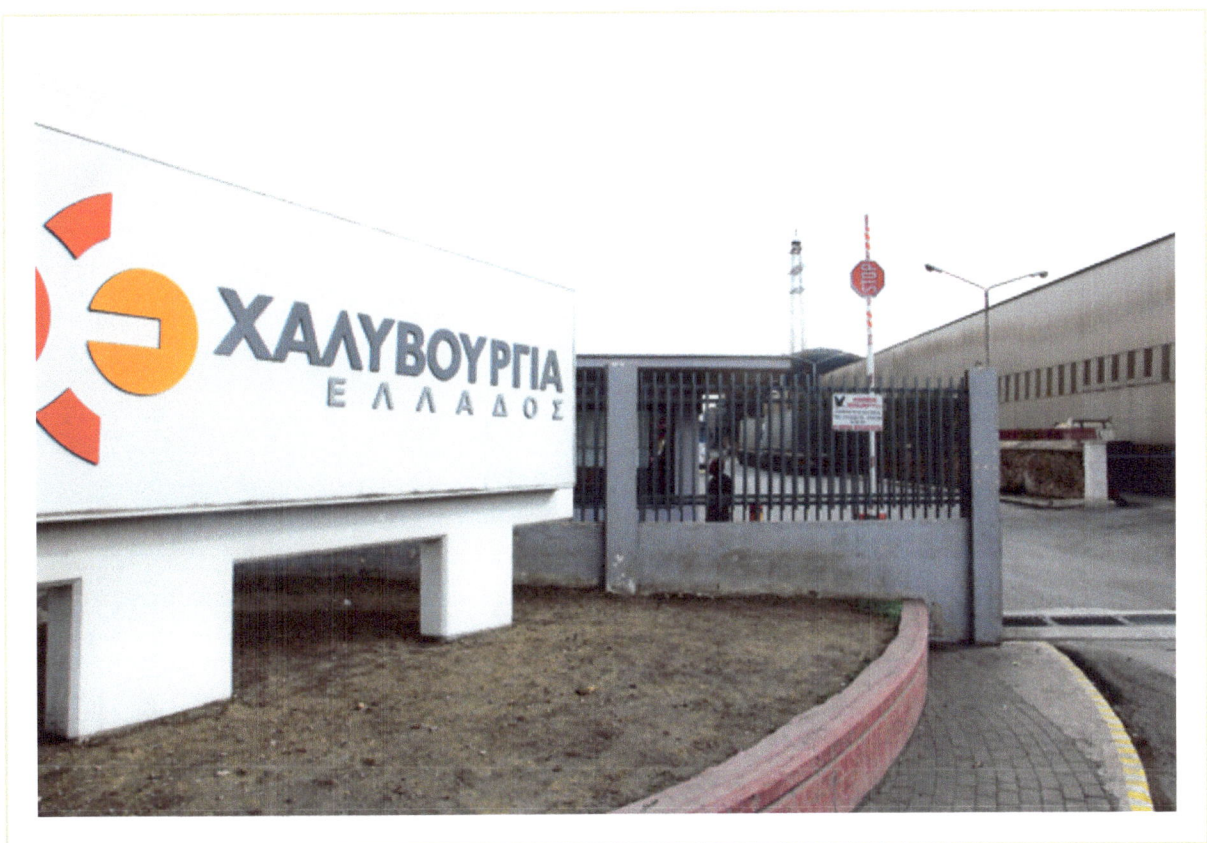

Το 1938 ιδρύεται η Ελληνική Χαλυβουργία, η πρώτη βιομηχανία χάλυβα στην Ελλάδα και μια από τις μεγαλύτερες βιομηχανίες της χώρας. Με σίδερα της Ελληνικής Χαλυβουργίας χτίζεται το ιστορικό οχυρό Ρούπελ στη Μακεδονία. Το 1951, η παραγωγική μονάδα της εταιρίας μεταφέρεται από το πρώτο εργοστάσιο της οδού Πειραιώς στην Αθήνα, σε νέο ιδιόκτητο βιομηχανικό χώρο 290.000 τ.μ στον Ασπρόπυργο Αττικής. Το 1963 ιδρύεται η Χαλυβουργία Βόλου και το 2006 οι δύο ιστορικές εταιρίες ενώνουν τις δυνάμεις τους και υπογράφουν με ένα νέο όνομα Χαλυβουργία Ελλάδος. Το εργοστάσιο της Χαλυβουργίας Ελλάδος στον Ασπρόπυργο είναι στην ουσία κλειστό από τα τέλη του 2011, λόγω της μείωσης της ζήτησης και της αδυναμίας εξαγωγών εξαιτίας του υψηλού ενεργειακού κόστους.

ΜΕΤΑΛΛΟΥΡΓΙΑ

ΓΕΝΙΚΑ ΣΤΟΙΧΕΙΑ

Μεταλλουργία είναι ένας κλάδος της επιστήμης των υλικών σχετικός με την παρασκευή μετάλλων και κραμάτων από μεταλλεύματα ή άλλες πρώτες ύλες, καθώς και την κατεργασία των μετάλλων και των κραμάτων για την τροποποίηση των ιδιοτήτων αυτών των υλικών. Αναλόγως, ο κλάδος της μεταλλουργίας διακρίνεται σε εξαγωγική μεταλλουργία και μεταλλογνωσία ή φυσική μεταλλουργία. Οι πτωτικές τιμές των μετάλλων κυρίως λόγω της επιβράδυνσης των αναδυόμενων οικονομιών, επηρέασαν τη ζήτηση των ελληνικών προϊόντων, η οποία χαρακτηρίζεται ως συγκρατημένη για το 2014, με μικρή πτώση τιμών οι οποίες συνεχίζουν να δέχονται σημαντικές πιέσεις.

ΠΑΡΑΓΩΓΗ ΚΑΙ ΑΠΑΣΧΟΛΗΣΗ

Η εξαγωγική μεταλλευτική και μεταλλουργική εταιρεία ΛΑΡΚΟ ΓΜΜΑΕ, μοναδική βιομηχανία παραγωγής σιδηρονικελίου από δικά της κοιτάσματα σε ολόκληρη την Ευρώπη, η οποία απασχολεί άμεσα ή μέσω εργολαβικής ανάθεσης 1.582 εργαζομένους (168 επιστήμονες), επλήγη από τη δυσμενή σχέση ευρώ/δολαρίου και τις υψηλές τιμές ενέργειας, και το τελικό αποτέλεσμα της χρήσης 2014, προστιθεμένων των φόρων, ήταν καθαρές ζημιές 28,6 εκατ. ευρώ (έναντι 76,38 εκατ. € ζημιές για το 2013 και 34,32 εκατ. € ζημιές το 2012). Άρα οι ζημιές για το 2014 μειώθηκαν κατά 61% σε ποσοστό και κατά 46,95 εκατ. € σε αξία. Συνολικά η βιομηχανία αλουμινίου (πρωτόχυτο, δευτερόχυτο αλουμίνιο, προϊόντα έλασης, τελικά προϊόντα κλπ) στην Ελλάδα αποτελεί το σημαντικότερο βιομηχανικό κλάδο μη- σιδηρούχων μετάλλων στη χώρα μας με 2,5 χιλιάδες εμπλεκόμενες μικρές και μεγάλες επιχειρήσεις, 40 χιλιάδες θέσεις εργασίας και ετήσιο κύκλο εργασιών πάνω από 2,5 δις. € που αντιστοιχεί σε μια συνεισφορά 1% περίπου στο εθνικό προϊόν και πάνω από 8% στις εξαγωγές της χώρας. Σύμφωνα με τις μελέτες αξιοποίησης του κοιτάσματος στις Σκουριές Χαλκιδικής κι εφόσον λειτουργήσει εργοστάσιο εμπλουτισμού και μεταλλουργίας χαλκού, προβλέπεται παραγωγή συμπυκνώματος χαλκού-χρυσού κι εν συνεχεία καθαρού χαλκού και χρυσού: 30.000 τόνοι χαλκού/έτος και 140.000 ουγκιές χρυσού/έτος για τα πρώτα 7 έτη επιφανειακής εκμετάλλευσης και 22.000 τόνοι χαλκού/έτος και 100.000 ουγκιές χρυσού/έτος, για τα επόμενα μέχρι τα 30 έτη υπόγειας εκμετάλλευσης. Η πρώτη φάση – επιφανειακή, υπολογίζεται σε διάρκεια 7 χρόνια, ενώ η δεύτερη φάση - υπόγεια, κατά τη διάρκεια της οποίας θα γίνει η απόληψη του μεγαλύτερου μέρους του κοιτάσματος (των 2/3), υπολογίζεται σε διάρκεια 21 χρόνια.

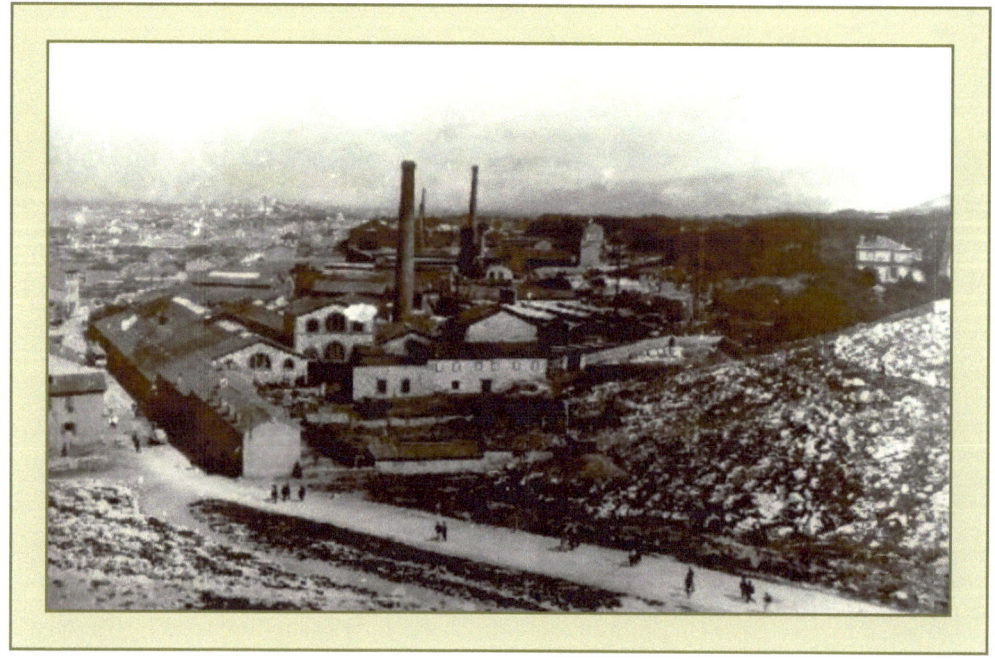

ΜΕΤΑΛΛΟΥΡΓΙΑ

ΧΩΡΟΤΑΞΙΑ ΚΑΙ ΠΡΟΙΟΝΤΑ

Τα σημαντικότερα κοιτάσματα μαγνησίτη βρίσκονται στην Εύβοια και στη Χαλκιδική. Η Μυτιλήνη επίσης παρουσιάζει κοιτασματολογικό ενδιαφέρον για μαγνησίτη, ενώ μικρότερης σημασίας είναι οι περιοχές Ερμιονίδας, Γρεβενών και Κοζάνης, οι οποίες δεν έχουν αξιολογηθεί ακόμα. Το κοίτασμα χαλκού/ χρυσού των Σκουριών εκτιμάται σε 150 εκ. τόνους μεταλλεύματος με μέση περιεκτικότητα 0,8 gr./tn. χρυσό και 0,56 % χαλκό ενώ εκτείνεται από την επιφάνεια κατακόρυφα προς τα κάτω σε ένα βάθος 800μ..

ΠΗΓΕΣ

http://www.ypeka.gr/LinkClick.aspx?fileticket=7FvrZw5DGYc%3D&tabid=294&language=el-GR

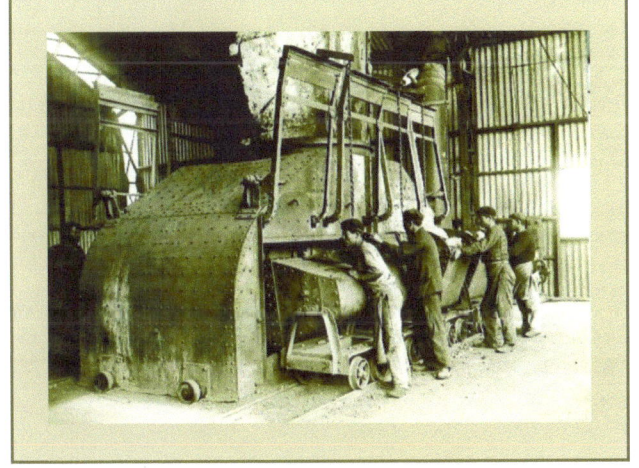

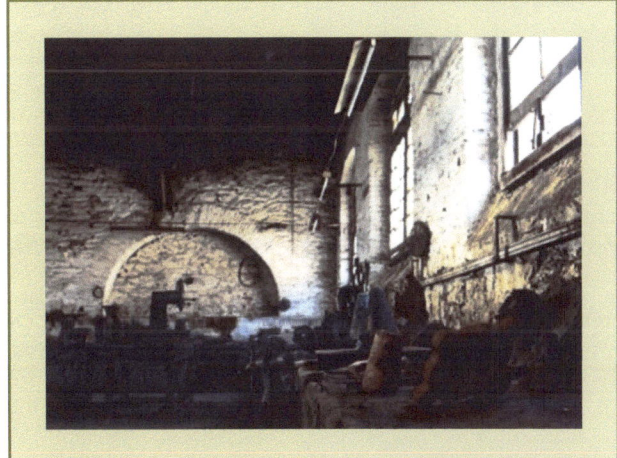

ΜΕΤΑΛΛΟΥΡΓΙΑ

ILARION ROUX ET CIE

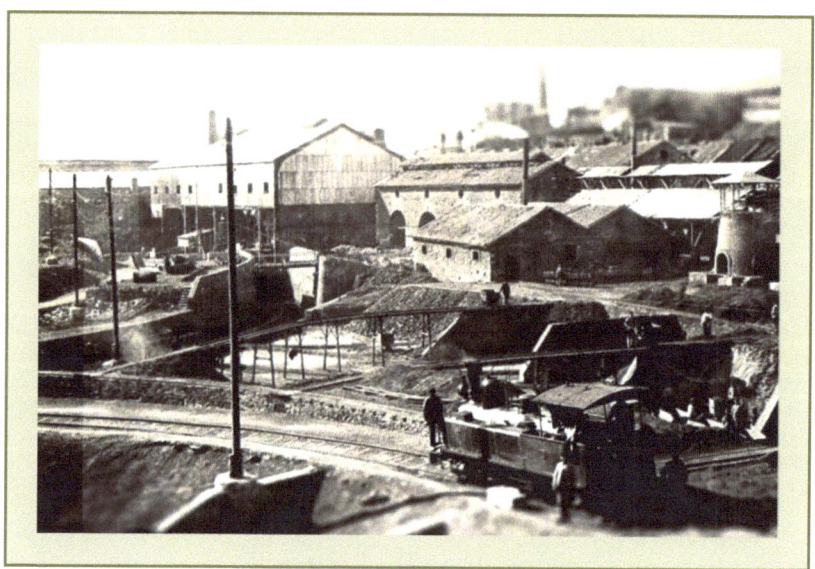

Το 1860 ο Ανδρέας Κορδέλλας (1836 - 1909), μεταλλειολόγος γεννημένος στη Σμύρνη με σπουδές στο Φράιμπουργκ της Γερμανίας επισκέπτεται την περιοχή του Λαυρίου και διαβλέπει σημαντική οικονομική προοπτική με την ανάτηξη των σκωριών και την επεξεργασία των εκβολάδων. Έρχεται σε επαφή με τον Τζιανμπατίστα Σερπιέρι(1832-1897), Ιταλό επιχειρηματία, του οποίου η οικογένεια ήδη ασχολούνταν με παρόμοιες εργασίες εκμετάλλευσης σκωρίας ρωμαϊκής εποχής ορυχείων στο Κάλιαρι της Σαρδηνίας. Ο Σερπιέρι διαβλέπει επίσης την οικονομική δυνατότητα που του προσφέρει το Λαύριο και, το 1864, ιδρύει την εταιρεία "Roux - Serpieri - Fressynet C.E." (ή "Hilarion Roux et Cie") εν μέρει με δικά του κεφάλαια αλλά και με συμμετοχή του γαλλικού τραπεζικού οίκου "I. Roux-Fressynet".

ΜΕΤΑΛΛΟΥΡΓΙΑ

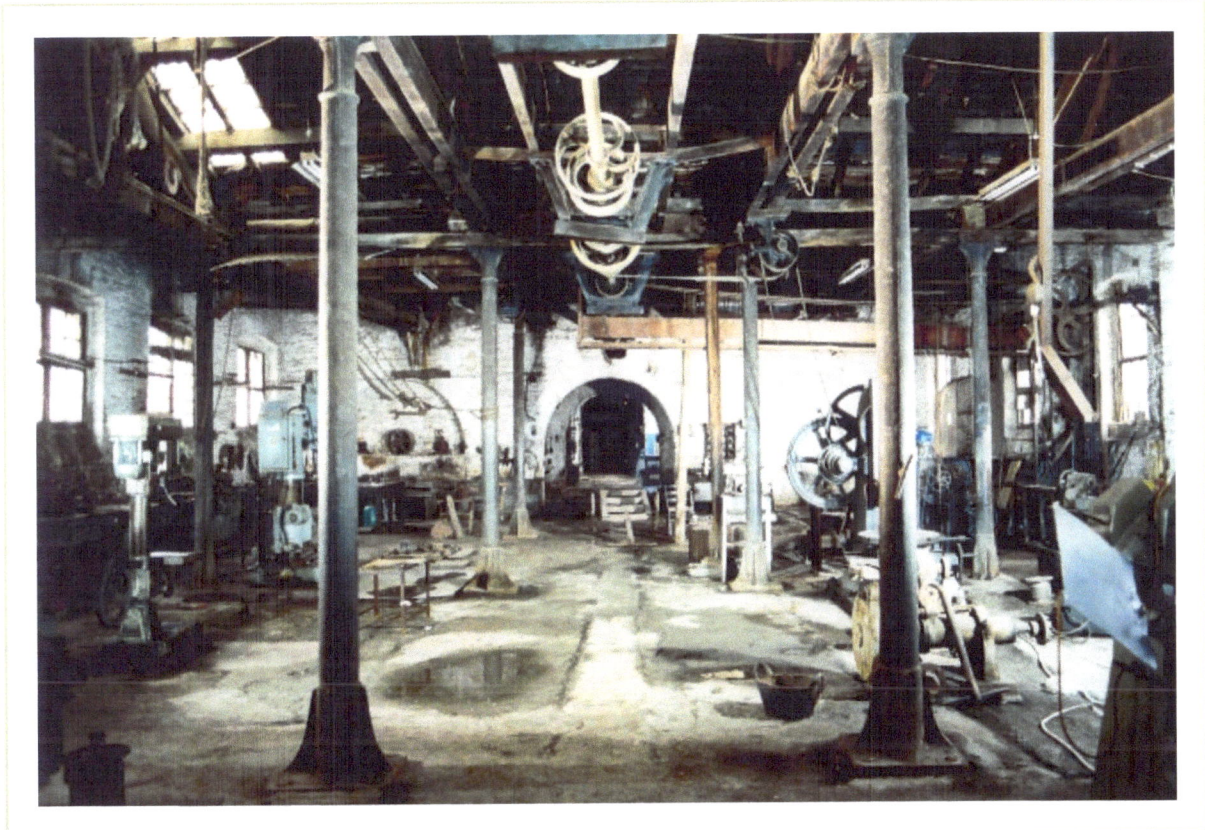

ΜΕΤΑΛΛΟΥΡΓΙΑ

ΕΛΛΗΝΙΚΗ ΕΤΑΙΡΕΙΑ ΜΕΤΑΛΛΟΥΡΓΕΙΩΝ

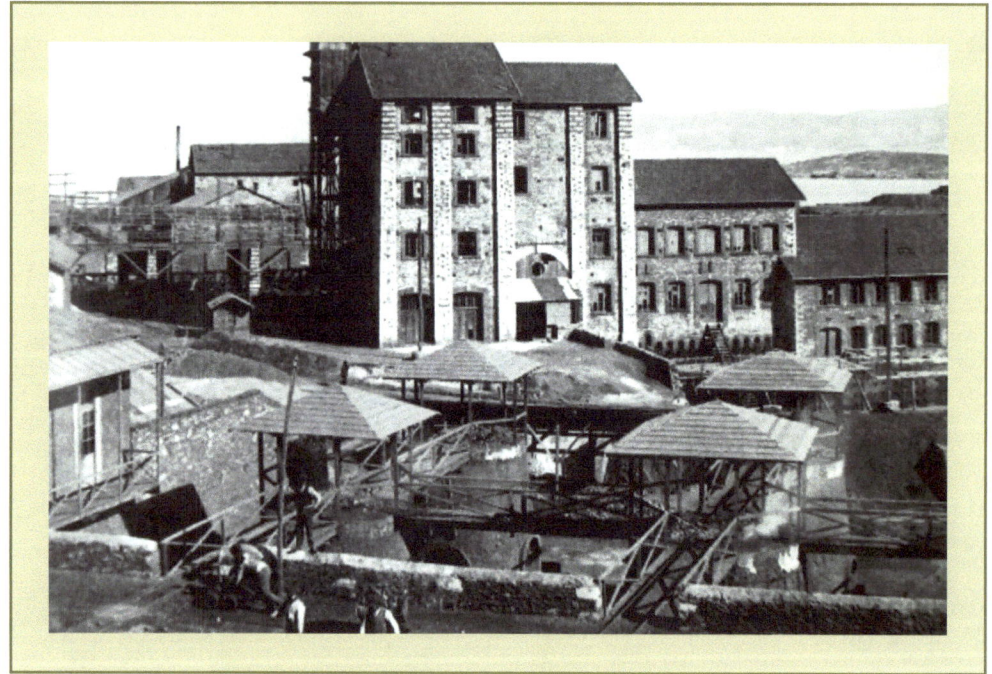

Η εταιρεία Ilarion Roux et Cie διατηρείται μέχρι το 1873, έχοντας μετονομαστεί σε "Ελληνική Εταιρεία των Μεταλλουργείων Λαυρίου", κατασκευάζοντας εγκαταστάσεις στο λιμένα του Λαυρίου, στη θέση "Εργαστηριάκια" και αναλαμβάνει την παραγωγή αργυρούχου μολύβδου από τις σκωρίες. Το 1865 διαθέτει 18 καμίνους, εγκαταστάσεις μεταλλοπλυσίας, μηχανουργείο και σιδηρόδρομο, απασχολώντας, το 1867, 1.200 εργαζόμενους, τεράστιο αριθμό για την εποχή. Το 1930 η ελληνική εταιρεία εκποιείται σε μια βρετανική, η οποία διακόπτει τις εργασίες, ενώ στα τέλη της δεκαετίας του 1920 με τον πληθυσμό της πόλης μειωμένο κατά 50%, εγκαθίστανται σε αυτήν πρόσφυγες από τη Μικρά Ασία, που της δίνουν νέα ζωή. Η εταιρεία, ωστόσο, αναγκάστηκε να διακόψει τις δραστηριότητές της το 1982, ως συνέπεια της αποβιομηχάνισης που επεκτάθηκε σε όλη τη χώρα τη δεκαετία του '80. Τότε δημιουργήθηκε στη θέση της η κρατική εταιρεία ΕΜΜΕΛ (Ελληνική Μεταλλευτική Μεταλλουργική Εταιρεία Λαυρίου) η οποία λειτούργησε έως το 1992. Οι περισσότερες μονάδες διέκοψαν τη λειτουργία τους και περισσότερο από το 20% των κατοίκων της πόλης, έχοντας πληγεί από την ανεργία, την εγκαταλείπουν.

ΜΕΤΑΛΛΟΥΡΓΙΑ

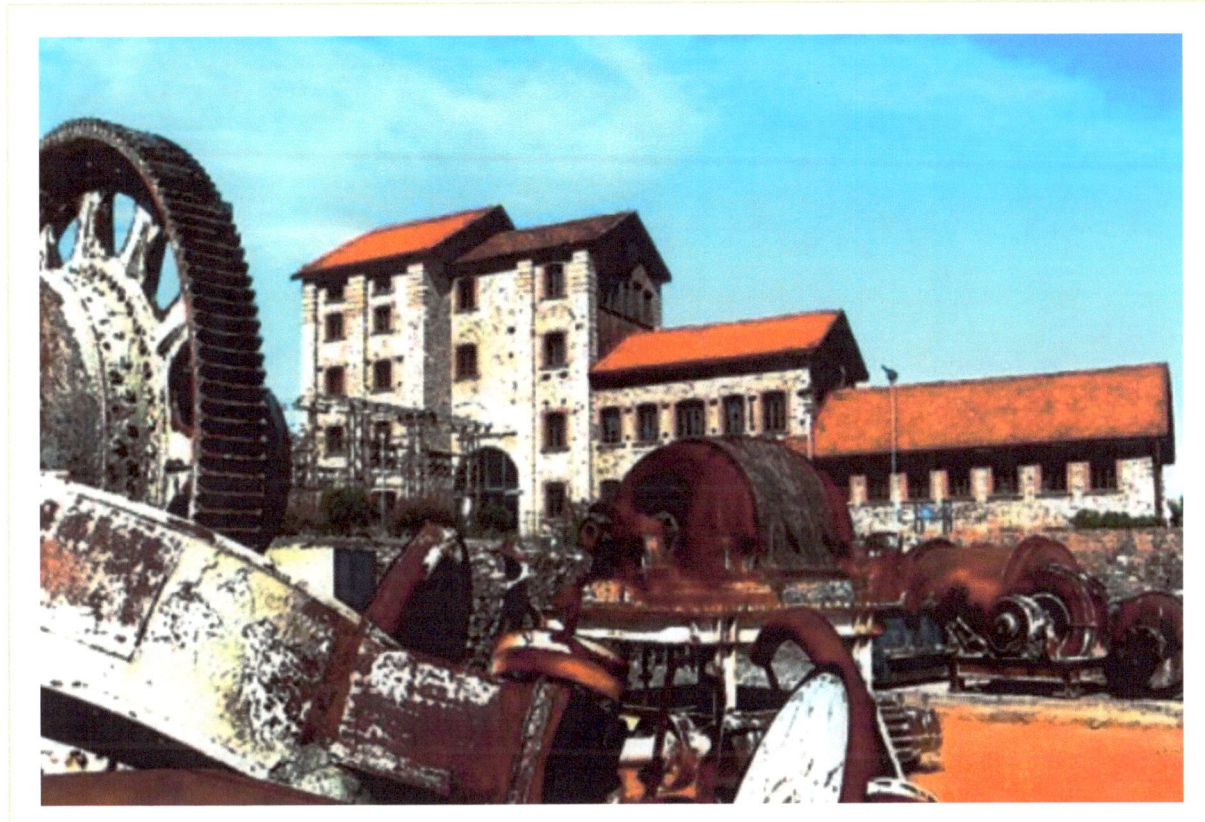

ΜΕΤΑΛΛΟΥΡΓΙΑ

ΓΑΛΛΙΚΗ ΕΤΑΙΡΕΙΑ ΜΕΤΑΛΛΕΙΩΝ

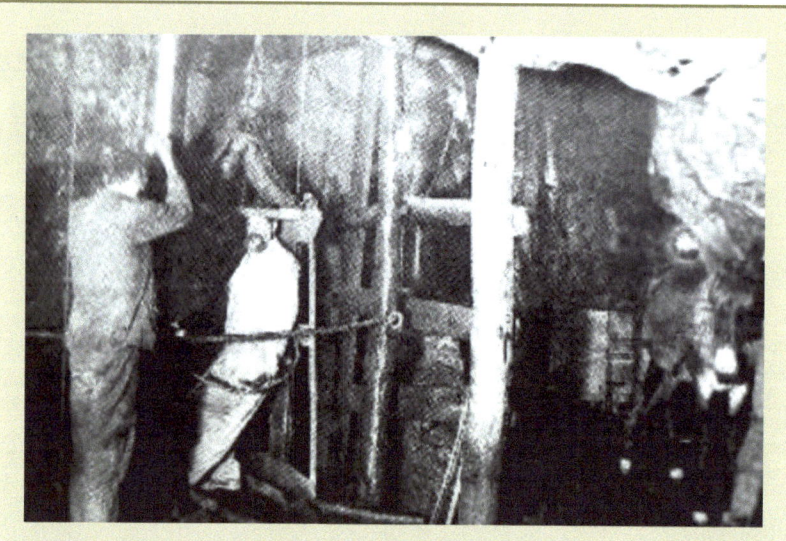

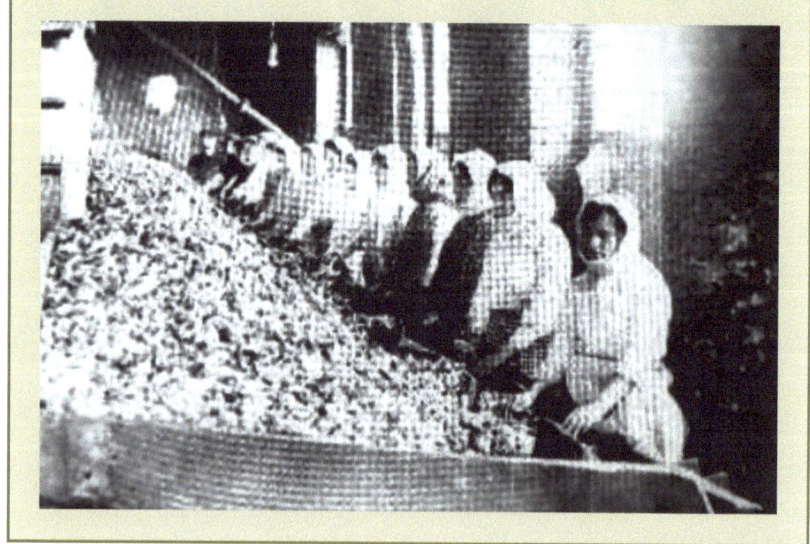

Η εταιρεία "Μεταλλεία Καμάριζας" που ιδρύθηκε το 1873, τρία χρόνια αργότερα παραχωρεί τη θέση της στην γαλλική εταιρεία "C.F.M.L. (Compagnie /francaise des Mines du Laurium)", την οποία ιδρύει και πάλι ο Σερπιέρι και κατασκευάζει νέο εργοστάσιο στη θέση "Κυπριανός". Η γαλλική εταιρεία επιζεί και του Β' Παγκοσμίου Πολέμου και τη δεκαετία του 1950, αρχίζει και πάλι η εντατική εκμετάλλευση των σκωριών, των εκβολάδων και των μεταλλείων. Το 1930 η γαλλική εταιρεία συνεχίζει, αλλά με μειωμένες δραστηριότητες. Το 1994 το εργοστάσιο της Γαλλικής Εταιρείας Μεταλλείων Λαυρίου στον Κυπριανό αγοράστηκε από το Υπουργείο Πολιτισμού, κηρύχθηκε διατηρητέο μνημείο και παραχωρήθηκε στο ΕΜΠ το οποίο δημιούργησε εκεί το Τεχνολογικό Πολιτιστικό Πάρκο Λαυρίου.

ΜΕΤΑΛΛΟΥΡΓΙΑ

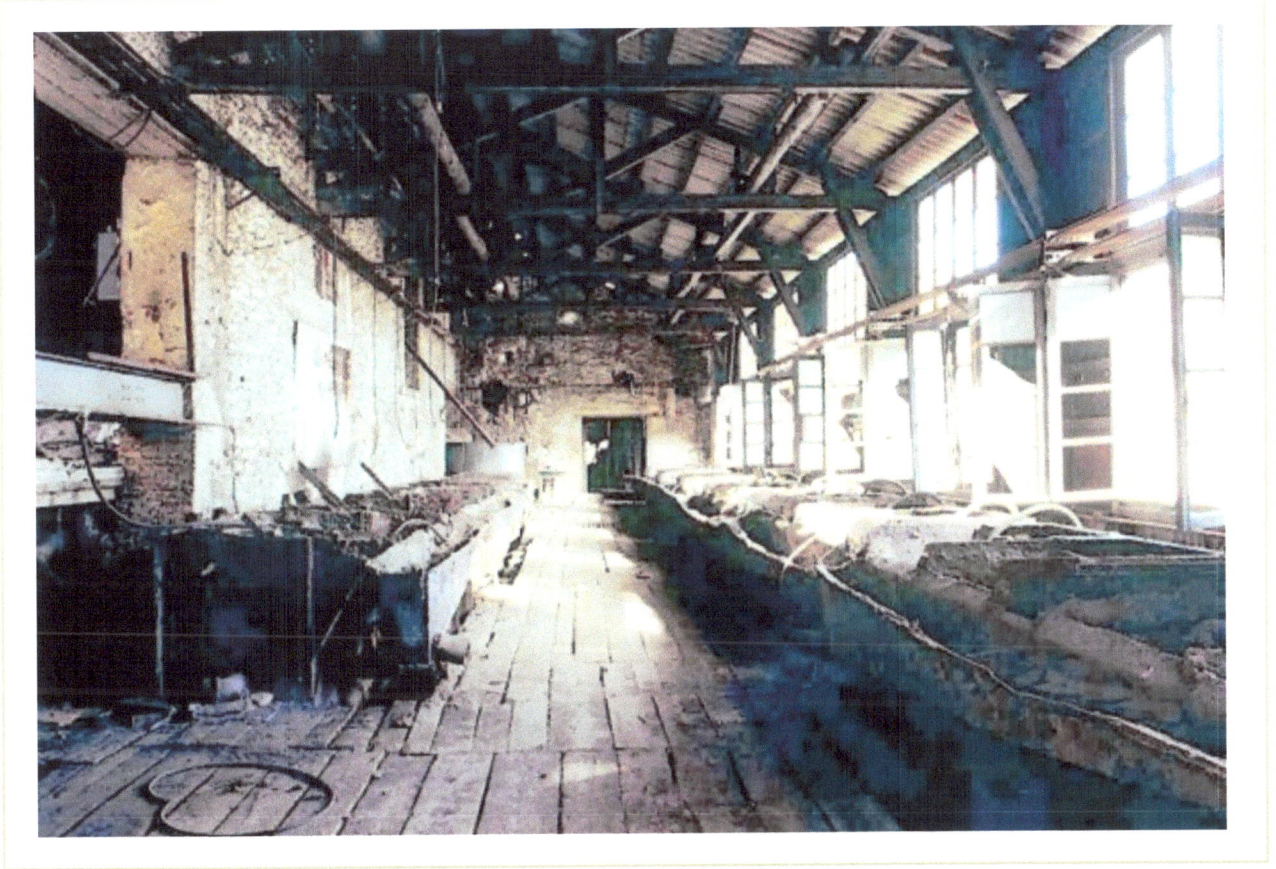

ΤΣΙΜΕΝΤΟΒΙΟΜΗΧΑΝΙΑ

ΓΕΝΙΚΑ ΣΤΟΙΧΕΙΑ

Η βιομηχανία παραγωγής τσιμέντου, η οποία είναι μια αμιγώς μεταλλευτική-μεταλλουργική δραστηριότητα, είναι ίσως η σπουδαιότερη βιομηχανική δραστηριότητα στην Ελλάδα με μεγάλες εξαγωγικές δυνατότητες και πολύ μεγάλη συμβολή στην εθνική οικονομία. Είναι η παλαιότερη ελληνική βιομηχανική δραστηριότητα, η οποία ξεκίνησε στις αρχές του 20ου αιώνα (1902 το πρώτο εργοστάσιο παραγωγής τσιμέντου στην Ελευσίνα της εταιρείας ΤΙΤΑΝ Α.Ε.). Το μεγάλο της πλεονέκτημα είναι η αφθονία στην Ελλάδα ασβεστολιθικού υλικού που είναι η κυριότερη πρώτη ύλη στην παραγωγή τσιμέντου και αδρανών υλικών. Έχει άμεση σχέση με την παραγωγή σκυροδέματος που είναι το κυριότερο δομικό υλικό στην Ελλάδα, η οποία εμφανίζει μεγάλη σεισμικότητα και έχει ανάγκη από ανθεκτικές κατασκευές σε κατοικίες και σε έργα κοινής ωφέλειας (δημόσια κτίρια, έργα υποδομής κλπ.).

ΠΑΡΑΓΩΓΗ ΚΑΙ ΑΠΑΣΧΟΛΗΣΗ

Η ετήσια παραγωγική δυναμικότητα των ελληνικών εργοστασίων παραγωγής τσιμέντου ανέρχεται σε 16 εκατ. τόνους. Το 35 % περίπου της παραγωγής εξάγεται σε χώρες της Ευρωπαϊκής Ένωσης, στις Η.Π.Α. και στις χώρες της Μ. Ανατολής και της Αφρικής, ενώ το 65 % διατίθεται στην ελληνική αγορά.

ΧΩΡΟΤΑΞΙΑ ΚΑΙ ΠΡΟΪΟΝΤΑ

ΤΙΤΑΝ τέσσερα (-4-) στην Ελλάδα (Καμάρι Βοιωτίας 1, Ελευσίνα 1, Θεσσαλονίκη 1, Δρέπανο Αχαΐας 1),
ΑΓΕΤ «ΗΡΑΚΛΗΣ» (Lafarge Group) στην Ελλάδα (Βόλος 1, Μηλάκι Αλιβερίου 1, Χαλκίδα 1 σε διακοπή λειτουργίας)
Τσιμέντα «ΧΑΛΥΨ» (Italcementi Group) στην Ελλάδα (Ασπρόπυργος 1).

ΠΗΓΕΣ

http://www.hcia.gr/el/compay/greek-cement/
http://www.orykta.gr/ekmetalleusi-emploutismos/metallourgikes-diergasies/81-elliniki-tsimentobiomihania

ΤΣΙΜΕΝΤΟΒΙΟΜΗΧΑΝΙΑ

ΧΑΤΖΗΚΥΡΙΑΚΟΥ - ΖΑΧΑΡΙΟΥ ΚΑΙ ΣΙΑ

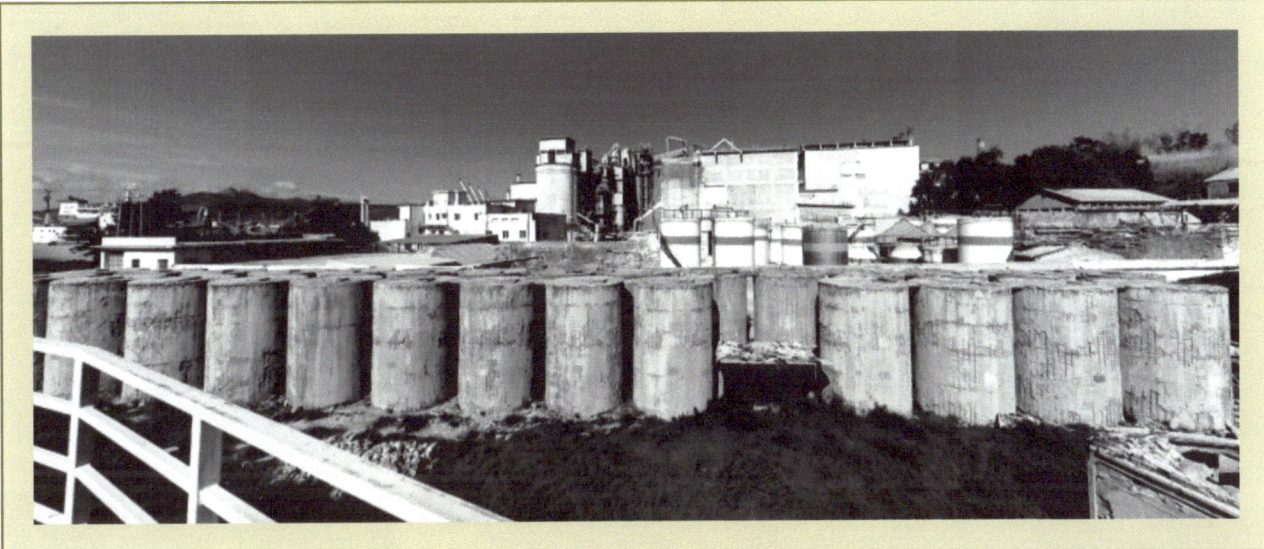

Το 1902 η "Εταιρεία Χατζηκυριάκου - Ζαχαρίου και Σία" ιδρύει το πρώτο ελληνικό εργοστάσιο τσιμέντου, με ετήσια παραγωγή 18.000 τόνους. Το 1911 παίρνει την επίσημη ονομασία Ανώνυμος Εταιρεία Τσιμέντου "Ο ΤΙΤΑΝ". Το 1928 απασχολούνται 400 άτομα και έφθασαν τα 1.300 στην περίοδο ακμής.

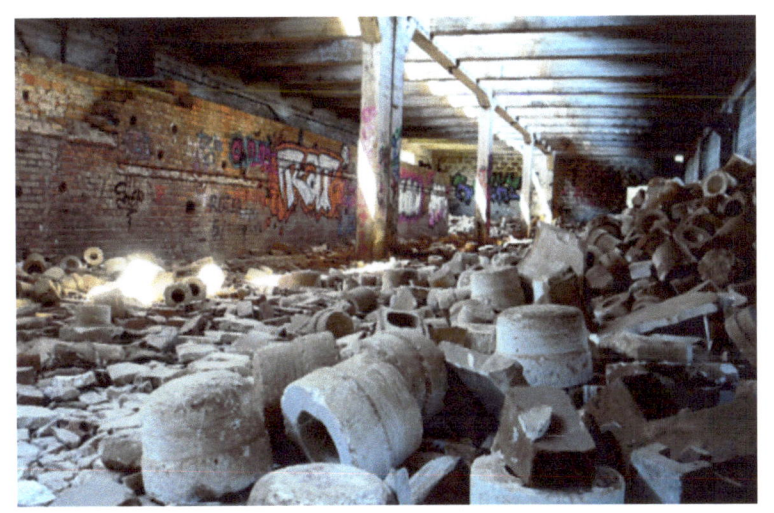

ΠΗΓΕΣ ΦΩΤΟΓΡΑΦΙΚΟΥ ΥΛΙΚΟΥ

ΚΛΩΣΤΟΫΦΑΝΤΟΥΡΓΙΑ

ΠΕΙΡΑΪΚΗ - ΠΑΤΡΑΪΚΗ ΒΙΟΜΗΧΑΝΙΑ ΒΑΜΒΑΚΟΣ Α.Ε	www.patrasevents.gr
ΑΙΓΑΙΟΝ	www.flickr.com
ΕΤΜΑ	www.etmagroup.gr
ΧΡΥΣΑΛΛΙΣ	www.monumenta.org
ΜΠΡΙΤΑΝΝΙΑ, Α.Ε. ΕΛΛΗΝΙΚΑ ΚΛΩΣΤΗΡΙΑ ΥΙΩΝ ΤΕΓΟΠΟΥΛΟΥ-ΒΑΜΒΑΚΟΥΡΓΙΑ ΤΗΣ ΦΙΛΑΔΕΛΦΕΙΑΣ	dynamipoliton.wordpress.com
ΡΕΤΣΙΝΑ, ΕΣΠΕΡΟΣ	www.monumenta.org
ΕΡΙΟΥΡΓΙΑ ΠΑΤΗΣΙΩΝ	oikohouse.wordpress.com, hiveminer.com
ΑΘΗΝΑΪΣ ΜΕΤΑΞΟΥΡΓΙΑ	http://www.eie.gr
ΤΑΠΗΤΟΥΡΓΙΑ ΚΑΧΡΑΜΑΝΟΓΛΟΥ	www.flickr.com
ΚΛΩΣΤΟΫΦΑΝΤΟΥΡΓΙΑ ΓΑΒΡΙΗΛ	http://mlp-blo-g-spot.blogspot.com

ΚΑΠΝΟΒΙΟΜΗΧΑΝΙΑ

ΠΑΠΑΣΤΡΑΤΟΣ	http://www.portnet.gr
ΚΕΡΑΝΗΣ	http://www.lifo.gr
ΚΑΠΝΕΡΓΟΣΤΑΣΙΟ ΑΘΗΝΩΝ	http://www.eie.gr

ΒΙΟΜΗΧΑΝΙΚΕΣ ΕΦΑΡΜΟΓΕΣ ΑΥΤΟΚΙΝΗΣΗΣ

ΖΑΧΑΡΟΠΟΥΛΟΣ Α.Β.Ε.Ε.- BALKANIA, Ν. ΘΕΟΛΟΓΟΥ, Β.Ε.Τ, PANCAR, ATLAS	www.news247.gr
AUTOMECCANICA Α.Ε.Β.Ε., MAVA, ALTA, ΔΗΝΑΠ	www.penna.gr
ΒΙΑΜΑΞ	http://busoldtimers.blogspot.com

ΠΑΡΑΓΩΓΗ ΗΛΕΚΤΡΙΚΩΝ ΕΙΔΩΝ

ESKIMO	www.insider.gr
ΙΖΟΛΑ	www.businessnews.gr
PITSOS	www.athina984.gr

ΧΑΡΤΟΠΟΙΙΑ

SOFTEX - ΑΘΗΝΑΪΚΗ ΧΑΡΤΟΠΟΙΙΑ	www.thetoc.gr
DIANA - ΧΑΡΤΟΠΟΙΙΑ ΘΡΑΚΗΣ	http://www.eie.gr

ΒΙΟΜΗΧΑΝΙΑ ΤΡΟΦΙΜΩΝ ΚΑΙ ΠΟΤΩΝ

NUTRIART (ΠΡΩΗΝ ΚΑΤΣΕΛΗΣ)	www.tovima.gr
ΚΡΟΝΟΣ	www.protothema.gr
ΕΛΑΙΟΥΡΓΙΚΗ ΕΛΕΥΣΙΝΑΣ	www.elefsina.gr
ΒΟΤΡΥΣ	www.ipop.gr , http://www.lidoriki.com

ΠΗΓΕΣ ΦΩΤΟΓΡΑΦΙΚΟΥ ΥΛΙΚΟΥ

ΠΑΡΑΓΩΓΗ ΕΝΔΥΜΑΤΩΝ
SPRIDER STORES

www.aixmi.gr

ΠΡΟΪΟΝΤΑ ΥΓΙΕΙΝΗΣ ΚΑΙ ΠΕΡΙΠΟΙΗΣΗΣ
ΣΑΠΩΝΟΠΟΙΕΙΟ ΧΑΡΙΛΑΟΥ -ΚΑΝΕΛΛΟΠΟΥΛΟΥ

www.elefsina.gr

ΧΗΜΙΚΑ ΠΡΟΪΟΝΤΑ
ΧΡΩΠΕΙ
ΙΡΙΣ
ΕΡΓΟΣΤΑΣΙΟ ΛΙΠΑΣΜΑΤΩΝ ΣΤΗΝ ΔΡΑΠΕΤΣΩΝΑ

www.attiko-prasino.gr
www.protothema.gr
www.tovima.gr

ΠΑΡΑΓΩΓΗ ΠΛΑΣΤΙΚΩΝ ΕΙΔΩΝ
Α.Γ ΠΕΤΖΕΤΑΚΙΣ Α.Ε

www.fpress.gr

ΠΑΡΑΓΩΓΗ ΕΝΕΡΓΕΙΑΣ
ΓΚΑΖΙ-ΦΩΤΑΕΡΙΟ
ΠΕΤΡΟΛΑ Α.Ε.

www.lifo.gr
www.topontiki.gr

ΧΑΛΥΒΟΥΡΓΙΑ
ΧΑΛΥΒΟΥΡΓΙΚΗ Α.Ε.
ΧΑΛΥΒΟΥΡΓΙΑ ΕΛΛΑΔΟΣ

www.ctview.gr
www.mikrometoxos.gr

ΜΕΤΑΛΛΟΥΡΓΙΑ
ILARION ROUX ET CIE, ΕΛΛΗΝΙΚΗ ΕΤΑΙΡΕΙΑ ΜΕΤΑΛΛΟΥΡΓΕΙΩΝ, ΓΑΛΛΙΚΗ ΕΤΑΙΡΕΙΑ ΜΕΤΑΛΛΕΙΩΝ

www.monumenta.org

ΤΣΙΜΕΝΤΟΒΙΟΜΗΧΑΝΙΑ
ΧΑΤΖΗΚΥΡΙΑΚΟΥ - ΖΑΧΑΡΙΟΥ ΚΑΙ ΣΙΑ

www.elefsina.gr

www.ingramcontent.com/pod-product-compliance
Lightning Source LLC
Chambersburg PA
CBHW051152220526
45473CB00003B/749